Interkulturelle Kompetenz als Wettbewerbsfaktor international agierender Unternehmen

T0316414

Europäische Hochschulschriften
Publications Universitaires Européennes
European University Studies

Reihe V
Volks- und Betriebswirtschaft

Série V   Series V
Sciences économiques, gestion d'entreprise
Economics and Management

Bd./Vol. 3130

PETER LANG
Frankfurt am Main · Berlin · Bern · Bruxelles · New York · Oxford · Wien

Oliver Stark

Interkulturelle Kompetenz als Wettbewerbsfaktor international agierender Unternehmen

PETER LANG
Europäischer Verlag der Wissenschaften

Bibliografische Information Der Deutschen Bibliothek
Die Deutsche Bibliothek verzeichnet diese Publikation in der
Deutschen Nationalbibliografie; detaillierte bibliografische
Daten sind im Internet über <http://dnb.ddb.de> abrufbar.

Gedruckt auf alterungsbeständigem,
säurefreiem Papier.

ISSN 0531-7339
ISBN 3-631-53563-5

© Peter Lang GmbH
Europäischer Verlag der Wissenschaften
Frankfurt am Main 2005
Alle Rechte vorbehalten.

Printed in Germany 1 2 3 4 5   7

www.peterlang.de

Inhaltsverzeichnis

Teil V: Interkulturelles Lernen als ganzheitlicher Unternehmensprozess

Literaturverzeichnis

Anhang

Abbildungsverzeichnis

Abkürzungsverzeichnis

Abb.:	Abbildung
Bzw.:	Beziehungsweise
Bspw.:	Beispielsweise
f:	folgende Seite
ff:	folgende Seiten
Hrsg.:	Herausgeber
i.A.a.:	in Anlehnung an
IKZ:	Interkulturelles Kompetenzzentrum
LMS:	Learn-Management-System
o.A.:	ohne Angabe
o.V.:	ohne Verfasser
s.:	siehe
WBT:	Web Based Training
z.B.:	zum Beispiel

--------------------------------- **Vorwort** ---------------------------------

Die Weltwirtschaft steht im Wandel. Globalisierung und Internationalisierung verschieben Produktionsorte, Märkte, ökonomische Strategien. Unternehmen mit internationaler Wertschöpfung, in denen Kooperationen, Allianzen oder Fusionen der Arbeitsalltag ist, haben zunehmend Probleme in der interkulturellen Zusammenarbeit und der Nachhaltigkeit von Erfahrungswerten. Das internationale Business überwindet Entfernungen und Grenzen, nicht aber die Barrieren der kulturellen Differenz.

Die Ökonomie der globalen Zukunft kann nicht nur auf reines Wirtschaftswissen bauen. Neue Entwicklungen bedingen neue Anforderungen: Ethnologie und empirische Kultur- wissenschaften werden zur Voraussetzung eines neuen Wissensgebietes, dem der inter- kulturellen Kompetenz. Der Umgang mit kultureller Vielfalt, Heterogenität, Verschiedenheit von Kommunikationsformen, Bräuchen, Gepflogenheiten etc. erschwert nicht selten die Zusammenarbeit und Effektivität der weltweit operierenden Unternehmen. Was gewöhnlich als Problem aufgefasst wird, kann aber auch als Chance im Sinne eines Lernfaktors, eines Neugewinns an Denk- und Arbeitsweisen verstanden werden.

Dem Autor der folgenden Arbeit geht es darum, die Vorteile und Risiken interkultureller Zusammenarbeit zu beschreiben. Er erkennt Synergiepotentiale und versucht diese im Sinne eines Wettbewerbsvorteils nutzbar zu machen. Die Arbeit untersucht Schnittstellenprobleme, entwickelt Dokumentationsverfahren, Lern- und Trainingsprogramme, zeigt welchen Effekt die Maßnahmen der Interkulturellen Kompetenz auf Wissenstransfer, Erfolgsfaktoren, Wertsteigerung und nicht zuletzt auf die Stabilität der Geschäftsverbindungen haben. Ein innovativer Ansatz, eine gelungene Arbeit von hohem ökonomischem Nutzen, ein wichtiger Beitrag zur Bewältigung der neuen Anforderungen im interkulturellen Wirtschaftswesen.

Claudia M. Aymar

Prof. Claudia M. Aymar
Fachhochschule Wiesbaden
Fachbereich Medienwirtschaft
Mediengestaltung

Ziel der Arbeit

Das Themengebiet der interkulturellen Kompetenz ist groß. Was unter interkultureller Kompetenz zu verstehen ist, wo sie besonders wichtig ist, wie sie zu erlangen und zu fördern ist oder wie sie im Verbund mit internationalem Management steht, sind nur einige Fragen, die in diesem Zusammenhang auftauchen. Ziel dieser Arbeit ist es, einen verständlichen Überblick über die relevanten Aspekte interkultureller Kompetenz zu geben. Dazu ist die Arbeit in fünf Teilbereiche untergliedert:

Im ersten Teil wird im Rahmen des Globalisierungsprozesses auf den Wandel der Unternehmensumwelt eingegangen, um damit die neu entstandenen Anforderungen speziell an international agierenden Unternehmungen aufzuzeigen. Es soll verdeutlicht werden, wie der Begriff der „interkulturellen Kompetenz" mehr und mehr an Bedeutung gewinnt.

Es folgt im zweiten Teil die Definition interkultureller Kompetenz und eine Diskussion darüber, ob diese Kompetenz wirklich eine der in Zukunft entscheidenden Erfolgsfaktoren für Unternehmen sein wird, oder ob es sich dabei lediglich um ein Modewort handelt, welches auf Dauer von nur geringer Bedeutung sein wird.

Im Anschluss an diese Diskussion werden im dritten Teil die verschiedenen Bereiche aufgezeigt, in denen interkulturelle Kompetenz in der unternehmerischen Praxis eine besonders wichtige Rolle spielt. Dazu wird im Rahmen der externen Anwendungsfelder ein grober Überblick über die wichtigsten internationalen Handelspartner und deren kulturellen Differenzen gegeben. Um die Notwendigkeit interkultureller Kompetenz auch im Innenverhältnis der Unternehmung zu verdeutlichen, wird danach der Begriff des „Diversity Management" näher betrachtet.

Der vierte Teil der Arbeit wird sich damit befassen, wie denn nun eine solche interkulturelle Kompetenz von Organisationen und deren Mitgliedern erlangt werden kann. Die wichtigsten Faktoren und verschiedenartige Methoden interkultureller Trainings werden aufgezeigt.

Auf den gewonnen Erkenntnissen wird im fünften und letzten Teil der Arbeit über ein internes Management interkultureller Kompetenz nachgedacht - dabei wird überlegt, wie ein interkulturelles Kompetenzzentrum im Unternehmen strukturiert sein könnte, damit es effektiv und effizient dauerhafte Wettbewerbsvorteile in dem neuen, durch globale Trends geprägten Umfeld generiert.

Teil I: Globalisierung – kulturelle Vielfalt

1.1 Globalisierung und Internationalisierung – ein ungebrochener Trend

Das Phänomen der Globalisierung und Internationalisierung ist keine neue Erscheinung unserer Zeit. Neu ist aber die Intensität, mit welcher der Globalisierungsprozess in den vergangenen Jahren vorangeschritten ist.[1]

Verschiedene Entwicklungen haben dabei die weltwirtschaftliche Dynamik weiter bestärkt:

- Die Entstehung ausgedehnter einheitlicher Wirtschaftsblöcke, wie z.B. das Inkrafttreten des Europäischen Wirtschaftsraumes (EWR), der North American Free Trade Association (NAFTA) oder der Association of Southeast Asian Nations (ASEAN).

- Die Öffnung neuer Märkte in Osteuropa durch den Zusammenbruch des Kommunismus und deren weitere Integration durch die EU-Erweiterung.

- Die technologischen Entwicklungen und Diffusion, welche insbesondere im Bereich der Informations- und Kommunikationstechnologien (Internet, Handy) Distanzen haben schmelzen lassen, wodurch die Möglichkeit, Grenzen zu überwinden nicht nur hinsichtlich der Quantität (Auswahlmöglichkeiten), sondern auch der Qualität (Schnelligkeit, Bildübertragung) immer weiter zunimmt.

- Eine neue Qualität und Quantität von grenzüberschreitenden Fusionen in bisher noch nicht bekanntem Ausmaß.[2]

- Die zunehmende Präsenz von weltweit operierenden Unternehmen aus Japan, China, Indien und aus anderen westlichen Industrieländern.

- Das verstärkte Aufkommen von neuen, sehr erfolgreichen Wettbewerbern aus den Schwellenländern, wie Taiwan, Singapur, Südkorea oder Hongkong.[3]

Die Zunahme der internationalen Geschäftstätigkeiten scheint auch im 21. Jahrhundert ein ungebrochener Trend, welcher vermehrt auch Unternehmen im Mittelstand erfasst.[4] Dabei macht es keinen Unterschied, ob es sich um klassische Produktionsunternehmen oder Dienstleistungsunternehmen handelt.[5]

---

[1] Vgl. Geistmann, C.: Interkulturelle Kompetenz, 2002, S.1.
[2] Vgl. Geistmann, C.: Erfolg durch interkulturelle Kompetenz, 2003, S.1.
[3] Vgl. Perlitz, M.: Internationales Management, 2000, S.2.
[4] Vgl. Grimm, K.: Internationale Kompatibilität, in: FAZ, Nr.132, 09.06.2004, S.B3.
[5] Vgl. Buchholz, S. / Sommer, C.: Lässt sich Wissen globalisieren?, in: Brandeins, Heft 05, 05/2001, S.110.

In dem dynamischen Prozess der Globalisierung entwickeln sich einzelne Unternehmens-strukturen zunehmend zu transnationalen oder gar globalen Netzwerken.[6] Weltweite Aktivitäten von Unternehmen sind heutzutage keine Seltenheit mehr, sondern Arbeitsalltag. Unternehmen orientieren sich in ihren Tätigkeiten zunehmend international, also über die eigenen Landesgrenzen hinweg. Nach Perlitz gilt ein Unternehmen als international, „[…] wenn die Auslandsaktivitäten zur Erreichung und Sicherstellung der Unternehmensziele von wesentlicher Bedeutung sind."[7]

„Für international agierende Unternehmen wird es in Zukunft selbstverständlich sein,
- mit ausländischen Mitarbeitern im eigenen Betrieb zu kooperieren,
- mit ausländischen Kunden und Lieferanten in Geschäftsbeziehungen zu treten,
- für einige Zeit oder auf Dauer Aufgaben in ausländischen Filialen oder Partner-betrieben zu übernehmen."[8]

Als häufigstes Motiv für die Internationalisierung von Unternehmen wird in verschiedenen Studien von Robinson und Behrmann besonders die höhere Gewinnerwartung genannt, gefolgt von der Erschließung neuer Märkte, dem Erhalt von Marktanteilen, geringeren Produktionskosten und Diversifikation.[9]

Diese Motive fördern den Wettbewerb auf internationaler Ebene. Internationale Unternehmen sehen sich durch den zunehmenden internationalen Wettbewerb über die einzelnen Landesgrenzen hinweg dazu gezwungen, neue Maßnahmen zu ergreifen, wenn sie nicht im internationalen Konkurrenzkampf untergehen wollen. Denn während die weltweiten Verflechtungen nicht mehr aufzuhalten scheinen, ist der daraus steigende internationale Wettbewerb durchaus gestaltbar.[10]

Um trotz Internationalisierung weiterhin Marktorientierung und Kundennähe gewährleisten zu können, sind Unternehmen verstärkt dazu gezwungen, ihre Geschäftsprozesse an den veränderten Bedingungen neu auszurichten. In Zeiten der voranschreitenden Globalisierung und des dadurch zunehmenden Wettbewerbs werden Preis- und Produktionsvorteile immer geringer. Viele Produkte sind längst austauschbar und technische Konzepte leicht imitierbar geworden[11] - es gilt sich also anderweitig vom Wettbewerb zu differenzieren. Einer globalen

---

[6] Vgl. Koch, E.: Globalisierung der Wirtschaft, 2000, S.4.
[7] Von Perlitz, M.: Internationales Management, 1993, S.10.
[8] Von Weinbrenner, P.: Schriften zur Didaktik der Wirtschafts- und Sozialwissenschaften, S.3, (07.05.2004).
[9] Vgl. Behrmann-Studie, USA 1962, in: Dülfter, E. Internationales Management, 2001, S.109.
[10] Vgl. v. Weiszäcker: infopool: Was ist Globalisierung und wie erklärt sie sich?, (16.04.2004).
[11] Vgl. Geistmann, C.: Erfolg durch interkulturelle Kompetenz, 2003, S.1.

Distribution und Koordination der Geschäftsprozesse steht dabei eigentlich Nichts mehr im Wege, so dass für große internationale Unternehmen überall Alles möglich ist.[12] Doch nach einer ersten Welle der Ernüchterung scheint diese Welt der grenzenlosen Möglichkeiten eine Übertreibung zu sein, die nur in der Theorie besteht. Die kulturell geprägten Unterschiede sind so komplex wie eh und je und machen nach wie vor auch heute noch Unternehmen das Leben schwer.[13]

1.2 Kulturelle Vielfalt und Verschiedenheit trotz Globalisierung

Solche kulturellen Unterschiede zeigen sich sogar im Vorzeigemedium der Globalisierung - dem Internet, denn selbst im internationalen Web-Business erweisen sich tatsächlich nur jene Unternehmen als stark, die ihre Ware auf nationalen Märkten mit den jeweiligen kulturellen Codes anbieten. So hat Amazon.com beispielsweise seine Angebote an die jeweiligen regionalen Kundenbedürfnisse ausgerichtet. Auch ein guter Teil der Probleme, die bei Mergern wie Daimler und Chrysler entstanden, lagen in den nationalen Unterschieden und den heterogenen Wertvorstellungen begründet. McDonald's verkauft sein Kernprogramm zwar weltweit, doch variiert die Speisekarte je nach Land und Vorlieben. Auch für Unilever bedeutet Globalisierung Vielfalt – deshalb schmeckt auch das Eis der Unternehmenstochter Langnese in Italien süßer als in den Niederlanden. Das sind nur einige der zahlreichen Beispiele, die aufzeigen, dass sich das Wollen der Menschen nicht zu einem einheitliche Geschmack etabliert hat, und stattdessen auf einem zwar mittlerweile globalem Markt weiterhin eine kulturelle Vielfalt besteht.[14] „Die kulturellen Wurzeln bleiben und dürfen nicht übersehen werden."[15]

Gerade aus der Perspektive der „grenzenlosen Möglichkeiten", wird der Begriff der Globalisierung häufig gerne mit der Steigerung des allgemeinen weltweiten Wohlstandes gleichgesetzt. Ursprünglich mit dem Ziel in den Köpfen, die globale Ungleichverteilung sozialer und ökonomischer Aspekte mindern oder bzw. nicht vergrößern zu können, zeigen heute leider die Zahlen, dass die globalisierte Welt, an der alle teilhaben, so nicht existiert. Neben den zahlreichen Chancen, die eine Entwicklung zum „Weltmarkt" gerade für die

---

[12] Vgl. Cross-Culture Communication, (29.04.2004).
[13] Vgl. Nefzger, S.: Herausforderungen des Weltmarktes, in: wirtschaft & weiterbildung, 06/2000, S.14.
[14] Vgl. Lotter, W. / Sommer, C.: Einmal große Welt und zurück, in: Brandeins, Heft 05, Juni 2001, S.78 f.
[15] Von Kopp, W.: persönliches Interview, 16.05.2004.

wenigen „Global Player" mit sich zu bringen scheint, birgt sie doch mindestens genauso viele Gefahren und Risiken. [16] Insbesondere den Hauptindustrieländern schwebte in den vergangenen Jahren das beliebte Konstrukt der „Welteinheitskultur" vor, auf deren Basis sie ohne nationale Hindernisse den gesamten Globus als Markt betrachten und bearbeiten können.

Ein jüngstes Beispiel aus der Politik ließ dieses Konstrukt in den vergangenen Jahren doch eher als Wunschvorstellung statt als realistisches Ziel erscheinen, denn spätestens seit dem 11. September sind die Träume von der Welteinheitskultur zunächst einmal ausgeträumt. Sicher halten die Staaten im Kampf um den Terrorismus seitdem zusammen, doch Unterschiede in der Art und Weise dieses Vorgehens haben gerade zwischen Deutschland und Amerika zu Sprachlosigkeit, Enttäuschung und sogar Misstrauen geführt. Dabei war man doch davon ausgegangen, dass gerade diese Freundschaft nun wirklich auf einem festen Gefüge gemeinsamer Normen und Werte stünde, dass man die Welt mit gleichen Augen sehe, dass es keine tief greifenden Unterschiede im Denken, Fühlen und Verhalten zwischen Amerikanern und Deutschen gäbe. Frustration, Enttäuschung und Überraschung, die deutsch-amerikanische Arbeitsteams mehr als zur Genüge kennen, wurden plötzlich weltöffentlich. Viele Unternehmen mussten schon lange erfahren, dass die Zusammenarbeit mit den scheinbar doch so gleich denkenden Amerikanern kein „Selbstläufer" ist – nun erlebte es eine ganze Nation.[17] Sicher handelt es sich hierbei um ein politisches Extrembeispiel, doch kann man daraus ableiten, dass trotz eines scheinbar offenen „Weltmarktes", in dem Vieles über die Ländergrenzen hinweg möglich zu sein scheint, längst keine Welteinheitskultur herrscht, in der man ungeachtet der verschiedenen nationalen Besonderheiten und Wertvorstellungen agieren kann.

Aus den bisher genannten Punkten geht hervor, dass zwischen verschiedenen Nationen durchaus Unterschiede   vorliegen, die teilweise sehr offensichtlich und beinah banal erscheinen können, teilweise aber auch im Verborgenen liegen und sich durchaus überraschend und doch extrem äußern können. In einer Welt, die immer weiter zusammenwächst, sind interkulturelle Differenzen allgegenwärtig.

Es existiert eine Vielfalt in der Einheit, die es mittels spezieller Fähigkeiten erfolgreich zu nutzen gilt.[18]

> „Die Unterschiede sind vorhanden, verborgen zwar, aber von großer Bedeutung und erheblichem Einfluss auf das gegenseitige Verständnis."[19]

---

[16] Vgl. Christen, C.: Globalisierung und Beschäftigung, 12/2000, (16.04.2004).
[17] Vgl. IFIM: Welteinheitskultur - Das abrupte Ende einer Illusion, 04/2003, (21.04.04).
[18] Vgl. Geistmann, C.: Erfolg durch interkulturelle Kompetenz, 2003, S.13.

1.3 Interkulturelle Kontaktpunkte aufgrund internationaler Geschäftsprozesse

Durch die Verflechtung unternehmerischer Wertschöpfungsprozesse in Form von Kooperationen, strategischen Allianzen oder Fusionen ist der Arbeitsalltag zunehmend von einer hohen Zahl interkultureller Kontaktpunkte gekennzeichnet.[20] Als interkulturelle Kontaktpunkte sind jene Situationen zu verstehen, die, in welcher Form auch immer, zwischen zwei oder mehreren Personen mit unterschiedlichem kulturellem Hintergrund entstehen. Ob es sich dabei um eine komplexe Vertragsgestaltung oder einen einfachen Anruf handelt, sei zunächst dahin gestellt. Dabei kann zwischen externen und internen interkulturellen Kontakten unterschieden werden, denn so wie die Geschäftskontakte der meisten Unternehmen quantitativ und qualitativ über die Landesgrenzen zunehmen und zahlreiche Mitarbeiter sogar ins Ausland entsandt werden, so bilden sich auch verstärkt multikulturelle Teams innerhalb der Unternehmung. Damit befindet sich das Unternehmen nicht mehr nur in einem Netzwerk verschiedener Kulturen, sondern ist auch in sich kulturell heterogen.[21]

Es kommt also zum Aufeinandertreffen kulturell heterogener Kontaktpersonen zwischen verschiedenen Organisationen, aber auch innerhalb multikultureller Teams einer Organisation. In der Wirtschaft lassen sich hauptsächlich folgende Kontaktsituationen unterscheiden:

-   Interne Kontaktsituationen innerhalb der Zusammenarbeit einer heterogenen Belegschaft.
-   Indirekte Kontaktsituationen mit internationalen Kollegen oder Geschäftspartnern über Kommunikationsmedien wie Telefon, E-Mail, Fax, etc.
-   Direkte Kontaktsituationen durch den Empfang von internationalen Kollegen oder Geschäftspartnern im Heimatland.
-   Direkte Kontaktsituationen im Ausland während kurz- oder langfristigen Mitarbeiterentsendungen.

Diese Unterscheidung wird im späteren Verlauf der Arbeit relevant sein, wenn es in Teil III darum geht, die Relevanz interkultureller Kompetenz im Innen- wie im Außenverhältnis der Unternehmung aufzuzeigen.

---

[19] Von Hall, E. / Hall, M.: Verborgene Signale, 1984, S.7, zitiert in: Geistmann, C.: Erfolg durch interkulturelle Kompetenz, 2003, S.14.
[20] Vgl. Stich, M.: Interkulturelle Kompetenz, 2003, S.7 f.
[21] Vgl. Stich, M.: Interkulturelle Kompetenz, 2003, S.7 f.

1.4   Neue Anforderungen an Unternehmen und Mitarbeiter aufgrund globaler Trends

„Mit der zunehmenden Internationalisierung der Märkte haben sich auch die Geschäftsaktivitäten und -felder der Unternehmen verändert. Die Akteure stammen aus kulturell verschiedenen Ländern, haben unterschiedliche Wertvorstellungen und zeichnen sich durch divergierende Denk- und Handlungsweisen aus."[22]
Die zuvor erwähnten kulturüberschreitenden Kontakte, auch interkulturelle Überschneidungssituationen genannt, stellen neue Anforderungen an die Kontaktpersonen und damit auch eine neue Herausforderung besonders für das Personalmanagement, welches die Personalbeschaffung, -betreuung und -entwicklung zunehmend im internationalen Kontext sehen muss.[23]

Es entstehen an die Unternehmung und deren Mitarbeiter völlig neue Herausforderungen, die zum einen die individuelle Lernfähigkeit der Organisationsmitglieder und zum anderen die Lernfähigkeit der Organisation selbst erfordern.[24]
Technische Innovationen und Wertewandel, welche die Neuausrichtung im Arbeits- und Wirtschaftsleben vorantreiben und grenzüberschreitende Unternehmenstätigkeiten und Arbeitsteilung ermöglichen, verändern den Qualifikationsbedarf von Arbeitskräften. Im Zuge des dargestellten Wandels gehört die Fähigkeit, effektiv und angemessen mit Angehörigen verschiedener Kulturen interagieren zu können längst nicht mehr nur zum Anforderungsprofil der Führungselite, sondern zu jedem Mitarbeiter, der sich in einer interkulturellen Überschneidungssituation befindet.[25]
Für die betroffenen Mitarbeiter bedeutet dies, dass sie Fähigkeiten besitzen müssen, um in einem fremdkulturellen Umfeld mit fremdkulturellen Partnern effektiv zusammenarbeiten zu können. Denn wer in fremden Kulturen erfolgreich tätig sein will, muss sich auf die Besonderheiten der jeweiligen Kultur einstellen können oder zumindest genug dafür sensibilisiert sein.[26]

Wie sich eine solche Fähigkeit genau „zusammensetzt" und wie relevant sie wirklich im Geschäftsleben ist, wird Bestandteil des nächsten Kapitels sein.

---

[22] Von Rothlauf, J.: Interkulturelles Management, 1999, S.V.
[23] Vgl. Zander, E.: Internationales Personalmanagement, in: Personal, 06/2003, S.1.
[24] Vgl. Argyris, C. / Schön, D.: Organizational Learning, 1978, S.20, in: Stich, M.: Interkulturelle Kompetenz, 2003, S.7.
[25] Vgl. Stich, M.: Interkulturelle Kompetenz, 2003, S.7.
[26] Vgl. Dülfer, E.: Internationales Marketing, 2001, S.537-570.

Teil II: Kultur und interkulturelle Kompetenz

Ziel des vorhergegangenen Abschnittes war es, den Wandel im Zuge der Globalisierung und damit das veränderte Umfeld, in dem Unternehmen nun operieren, ins Bewusstsein zu rücken. Dabei galt es herauszustellen, wie Dynamik und Komplexität des Unternehmensumfeldes an Intensität zunehmen und für Unternehmen sowohl Chancen als auch Risiken mit sich bringen. Um zu untersuchen, inwiefern interkulturelle Kompetenz im veränderten Unternehmensumfeld eine Rolle spielt, müssen zunächst einige Begrifflichkeiten genauer definiert werden. In Folgenden steht daher die Schaffung der begrifflichen und konzeptionellen Grundlagen im Mittelpunkt, auf deren Basis schließlich eine Diskussion darüber erfolgt, ob interkulturelle Kompetenz tatsächlich ein erfolgsentscheidender Wettbewerbsfaktor international agierender Unternehmen ist.

2.1   Definition Kultur

Zunächst wird der Kulturbegriff definiert, da er den wichtigsten Einflussfaktor darstellt, auf dessen prägender Wirkung bedeutsame Aspekte der internationalen und interkulturellen Interaktion erläutert werden.

Nach Thomas ist „Kultur [...] ein universelles, für eine Gesellschaft, Organisation und Gruppe aber sehr typisches Orientierungssystem. Es beeinflusst das Wahrnehmen, Denken, Werten und Handeln aller ihrer Mitglieder und definiert somit deren Zugehörigkeit zur Gesellschaft. Kultur als Orientierungssystem strukturiert ein für die sich in der Gesellschaft zugehörig fühlenden Individuen spezifisches Handlungsfeld und schafft damit die Voraussetzungen zur Entwicklung eigenständiger Formen der Umweltbewältigung".[1] Demnach ist Kultur als „die Summe [..] dessen [zu] verstehen, was dazu beiträgt, ein Volk, eine Gemeinschaft oder eine Gruppe von Menschen von anderen zu unterscheiden. Sie ist die Quelle, die Wörtern, Sätzen, Gesten und allen anderen Kommunikationsmitteln Bedeutung verleiht."[2]

Ein solches überindividuelles kulturspezifisches Orientierungssystem gibt den Mitgliedern eine identitätsstiftende Wirkung und sorgt so für ein Zusammengehörigkeitsgefühl innerhalb einer Kultur (Integrationswirkung) und wirkt auf der anderen Seite abgrenzend gegenüber Mitliedern anderer Kulturen (Differenzierungswirkung).[3]

---

[1] Von Thomas, A.: Kulturstandards, 1996, S.112.
[2] Von Klußmann, J.: Interkulturelle Kompetenz und Medienpraxis, 2004, S.16.
[3] Vgl. Geistmann, C.: Interkulturelle Kompetenz, 2002, S.65.

Reisch spricht von diesem Orientierungssystem als Kulturstandard, in dessen Gegenwart sich der Mensch geborgen und verstanden fühlt. „Kulturstandards haben also eine Orientierungs-funktion: sie machen (Re-)Aktionen unserer Mitmenschen vorhersehbar [und] [...] wirken damit verhaltensregulierend.“[4] Diese Definition verdeutlicht, wie stark der kulturelle Hintergrund das Verhalten einzelner Individuen prägt.

Natürlich ist es nicht alleine die kulturelle Prägung, durch welche sich menschliches Handeln erklären lässt. Schließlich hat jedes Individuum seine eigene Persönlichkeit - „Culture is for a group what personality is for an individual.“[5]

Nach Trompenaars lässt sich Kultur nur durch verschiedene Schichten beschreiben. Um sie zu verstehen, muss man in sie eindringen und sie erfahren.[6]

Auch nach Hofstede setzt sich die Einzigartigkeit in der mentalen Programmierung aus verschiedenen Ebenen zusammen. Jeder Mensch ist demnach eine einzigartige Kombination aus persönlichen, sozialen und kulturellen Erfahrungen.[7]

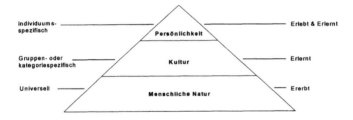

Abb.01: Kulturpyramide
Quelle: Hofstede, G.: Interkulturelle Zusammenarbeit, 1993, S.19.

Diese Definition von Hofstede verdeutlicht, dass, obwohl man von unterschiedlichen Kulturstandards ausgehen kann, sich verschiedenartige Kulturen nicht einfach kategorisieren und erlernen lassen - sie müssen erlebt werden, zumal sie sowieso einem ständigen Wandel unterliegen und sich deren Prägung von Person zu Person unterschiedlich bemerkbar macht.[8]

---

[4] Von Reisch, B.: Kulturstandards lernen und vermitteln, zitiert in: Thomas A.:
   Kulturstandards in der internationalen Begegnung, 1991, S.78.
[5] Von Laurent, A.: Relationship between Culture and Management, 1991, zitiert in: Götz, K.:
   Interkulturelles Lernen / Interkulturelles Training, 2003, S.12.
[6] Vgl. Trompenaars, F.: Handbuch Globales Managen, 1993, S.19.
[7] Vgl. Hofstede, G.: Lokales Denken, globales Handeln, 2001, S.19.
[8] Vgl. Kainzbauer, A.: Kultur im interkulturellen Training, 2002, S.105 ff.

2.2 Der Stellenwert von Kultur im Unternehmen

Bereits gegen Ende der 1960er Jahre veröffentlichte Howard Perlmutter eine Typologisierung der Führungsstile in international agierenden Unternehmen anhand von qualitativen Faktoren, wie beispielsweise Werten, Einstellungen und Gewohnheiten.[9] Damit weckte Perlmutter erstmals das Interesse der Betriebswirtschaftslehre für den Einfluss der Kultur auf die internationale Unternehmenstätigkeit.

Bis heute folgte eine ganze Reihe von Veröffentlichungen, die nicht nur die Beeinflussung der Unternehmenstätigkeit durch qualitative Faktoren bestätigten, sondern darüber hinaus eben genau diesen qualitativen Eigenschaften die entscheidende Wettbewerbsstärke zusprechen. Das 7-S-Modell von McKinsey, entwickelt in den 70er Jahren um amerikanische und asiatische Unternehmen auf ihre Erfolgsfaktoren hin zu vergleichen, ist nur eines von zahlreichen Beispielen der Wirtschaftstheorie, welches gerade die qualitativen kulturspezifischen „soft-skills" (weiche Faktoren wie Stammpersonal, Spezialkenntnisse, Selbstverständnis und kultureller Stil) einer Unternehmung als besonders erfolgskritisch ansieht.[10] Kultur „durchdringt und beeinflusst [..] jeden Aspekt der unternehmerischen Tätigkeit [und] durchtränkt das ganze Feld wirtschaftlicher Beziehungen."[11] Demnach werden organisatorische Handlungsabläufe und Routinen durch die Individuen und deren kulturelle Prägungen und Werte geprägt.[12]

Neben der kulturellen Prägung ihrer Mitarbeiter gibt es in der Unternehmung selbst noch eine eigene Kultur, die Unternehmenskultur. „Bei der Unternehmenskultur handelt es sich um die geschriebenen oder ungeschriebenen Regeln, die das Fühlen, Denken und Verhalten der Mitarbeiter eines Unternehmens [mit]bestimmen."[13]

Unternehmen können es sich natürlich nicht erlauben, sich aus der sie umgebenden Kultur und Gesellschaft auszugrenzen – daher ist die Unternehmenskultur lediglich eine Art Subkultur, welche dennoch die gleichen Funktionen wie ein Kulturstandard erfüllt. Sie schafft durch die Integration ihrer Mitarbeiter ein „Wir-Gefühl", baut ein möglichst unverwechselbares Image auf und nutzt dies konkurrierend mit anderen Unternehmenskulturen. Von einer starken Unternehmenskultur kann eine wesentliche und innovative Kraft ausgehen.[14]

---

[9] Vgl. Perlmutter, H.: Multinational Corporation, 1969, S.11-14, in: Stich, M.: Interkulturelle Kompetenz, 2003, S.11.

[10] Vgl. Bea, F.X. / Haas, J.: Strategisches Management, 2001, S.16 ff.

[11] Vgl. Trompenaars, F.: Handbuch Globales Managen, 1993, S.32.

[12] Vgl. Bartlett, C.C. / Goshai, S.: Managing across boarders, 1998, in: Stich, M.: Interkulturelle Kompetenz, 2003, S.10.

[13] Vgl. IFIM: Anmerkung zur Debatte um DaimlerChrysler, Presse-Service 04/2000.

[14] Vgl. IFIM: Unternehmenskultur, www.ifim.de/faq/faq-training.htm, (14.05.2004).

2.3   Kulturelle Überschneidungssituationen

Man ist sich heute nicht mehr nur der Kultur der eigenen Gemeinschaft ausgesetzt. Massenmedien und technologische Entwicklungen ermöglichen einen Einblick in die Lebensweisen anderer Kulturen, ohne dass man dafür die Heimat verlassen muss - die Übermittlung von Elementen anderer Kulturen ist einfacher geworden. Die Globalisierung führt heute weltweit zu großen Migrationsbewegungen. Was vor Jahren noch als „exotische" Lebensweise der Ferne galt, ist heute in große Nähe gerückt. Doch hat diese Nähe die Konflikte nicht entschärft und uns die Angst vor dem, was fremd ist, nicht genommen.[15]

In der Wirtschaft prägen internationale Verhandlungen, Entsendungen oder multikulturelle Kooperation immer intensiver den Arbeitsalltag der Organisationen, das heißt, das „Fremde" ist Teil des täglichen Geschäfts.

Dagegen ist das Verhalten der einzelnen Akteure meist durch einen natürlichen Ethno-zentrismus geprägt, dass heißt von einem Überlegenheitsgefühl der eigenen Kultur sowie der Abwertung und Ablehnung von allem Fremden.[16]

Ethnozentristische Einstellungen machen es schwer, die andere Kultur respektieren oder gar verstehen zu können und sich adäquat zu verhalten. Bei dem Aufeinandertreffen kultureller Differenzen besteht so ein hohes Konfliktpotential, das leicht unterschätzt wird.[17]

Obwohl Sprachunterschiede die erste und offensichtlichste Kommunikationsbarriere sind, auf die man im internationalen Kontext stößt, sind es nicht alleine die Sprachunterschiede zwischen Kommunikationspartnern aus unterschiedlichen Kulturkreisen, die den präzisen Kommunikations- und Handlungsablauf stören können. Die Gesprächspartner müssen nicht nur über ein gemeinsames Repertoire an Wörtern verfügen, also die gleiche Sprache sprechen, sondern den einzelnen Wörtern auch dieselbe Bedeutung zumessen. [18]

Nach Götz stoßen in kulturellen Überschneidungssituationen die heterogen geprägten Parteien neben der Sprachbarriere vor allem an folgende Grenzen:

---

[15] Vgl. E-Yamchi, N.: Interkulturelle Kommunikation, in: Klußmann, J.: Interkulturelle Kompetenz und Medienpraxis, 2004, S.15.

[16] Vgl. Baumer, T.: Handbuch interkultureller Kompetenz, 2004, S.143.

[17] Vgl. Moosmüller, A.: Kulturen in Interaktion, 1997, S.33 ff.

[18] Vgl. Pausenberger, E. / Noelle, G.F.: Entsendung von Führungskräften in ausländischen Niederlassungen, 1994, S.102, in: ZfbF – Zeitschrift für betriebswirtschaftliche Forschung, Jg. 29, 1977, S.359 f.

1. Subjektive und selektive Realitätswahrnehmung:

   Wahrnehmungsprozesse sind ein Produkt der kulturkreisbedingten Entwicklung, das heißt, es bestehen Unterschiede darin, was wahrgenommen wird und wie das Wahrgenommene interpretiert wird. Die selektive Wahrnehmung ist zwar ein durchgängiges Phänomen, doch gerade im interkulturellen Zusammenhang häufig ein Faktor für Konfliktherde.

2. Kategorisierung („Stereotyping"):

   Wir alle kennen Stereotypisierungen wie „Amerikaner sind oberflächlich" oder „alle Skandinavier sind blond". Die Kategorie „Islam", mit der man einst Länder der Dritten Welt und des Orients verband, wird heute oftmals mit Extremismus und Fanatismus in Beziehung gebracht.[19]

   Der Einfachheit halber neigen Menschen dazu, fremdkulturelle Kommunikationspartner in solche Kategorien einzuteilen und ihnen aufgrund einzelner Merkmale ein bestimmtes Verhalten zu unterstellen. Solch eine Kategorisierung geht mit einem großen Verlust an Informationen einher und führt oftmals sogar zu einer grundsätzlich falschen, von Vorurteilen belasteten Einstellung.

3. Nationale Überheblichkeit (Ethnozentrismus):

   Eine Nation sieht zumeist die eigenen Wertvorstellungen als überlegen an. Das stellt ein großes Hindernis für die interkulturelle Verständigung dar. „Wir sehen die Dinge nicht wie sie sind, sondern wie wir sind."[20]

   Das starre Festhalten an erlernten, gewohnten und eingeübten Handlungskonzepten kann zu Spannungen führen, die interkulturelle Zusammenarbeit erschweren oder gar unmöglich machen.[21]

„Das Ergebnis all solcher Barrieren sind Missverständnisse, unbeabsichtigte Beleidigungen oder das Brechen von kulturbedingten Tabus."[22]

Kulturelle Verschiedenheiten, die schnell zu Voreingenommenheit und Ablehnung führen können, müssen verstanden und überwunden werden, um die negativen Auswirkungen von Kulturunterschieden zu vermeiden.

---

[19] Vgl. Klußmann, J.: Interkulturelle Kompetenz und Medienpraxis, 2004, S.21 f.
[20] Vgl. Nin, A.: Cross-Culture Communication, (28.05.2004)
[21] Vgl. Götz, K.: Interkulturelles Lernen / Interkulturelles Training, 2001, S.13 f.
[22] Von Klußmann, J.: Interkulturelle Kompetenz und Medienpraxis, 2004, S.21 f.

2.4   Auswirkungen von Kulturunterschieden

Jeder sah sich in seinem Leben schon einmal mit kulturellen Differenzen konfrontiert, sei es im Geschäftsleben, durch die Medien oder im Urlaub beim Einkaufen, Essen oder sonstigen Aktivitäten. Im Folgenden werde ich mich bei meinen Ausführungen auf das interkulturelle Aufeinandertreffen im Geschäftsleben konzentrieren – einer Situation, die das besondere Feingefühl beider Parteien verlangt.

Vertritt oder repräsentiert ein Angestellter sein Unternehmen in der internationalen Zusammenarbeit auf eine unpassende Art und Weise, so wird seine eigene, aber auch die Vertrauenswürdigkeit und Glaubwürdigkeit seines Unternehmens geschwächt. Das Verhalten eines einzelnen Angestellten kann also weitreichende Folgen haben.[23]

Gerade im internationalen Kontext ist das Risiko von Fehlverhalten besonders hoch. Mitarbeiter, die einen interkulturellen Kontaktpunkt der Unternehmung darstellen, sehen sich durch den internationalen Kontext mit einer viel höheren Komplexität ihrer Aufgaben konfrontiert. Die erhöhte Aufgabenkomplexität zeigt sich durch eine größere Variationsbreite an Aufgaben, eine höhere Anzahl an Einflussgrößen und eine insgesamt intensivere Differenziertheit und Unsicherheit.[24] Aufgrund abweichender Umgangsformen und Geschäftsgewohnheiten bei Geschäftspartnern, Absatzmittlern oder Mitarbeitern können sich sonst unzweifelhafte Handlungen plötzlich weitaus komplizierter gestalten.[25] Im Extremfall, zu dem es hauptsächlich bei Auslandsentsendungen kommt, führt diese intensive Unsicherheit zu dem so genannten „Kulturschock".

2.4.1 Kulturschock

Jeder Mensch entspringt einem gewissen Kulturstandard, „[...] welchem kulturspezifische Normen zugrunde liegen, deren Nichterfüllung zu Störungen der Interaktion [...] führt."[26] Stößt ein Fremder bei dem Versuch sich interkulturell zu integrieren auf scheinbar unüberwindbare Schwierigkeiten, wird dieser Effekt meist mit dem Schlagwort „Kulturschock" umschrieben. Der Fremde kann die Signale des neuen Umfeldes nicht richtig interpretieren und leidet verstärkt an Unsicherheits- und Fremdheitsgefühlen, Verwirrung und Unzufriedenheit. Der Kulturschock ist kein einmaliges Erlebnis, sondern ist vielmehr ein permanenter Prozess wie Individuen, die beispielsweise einen längeren Auslandsaufenthalt durchleben,

---

[23] Vgl. Barcelona Relocation Services, (02.05.2004).
[24] Vgl. Geistmann, C.: Erfolg durch interkulturelle Kompetenz, 2003, S.5.
[25] Vgl. Deller, J.: Interkulturelle Eingungsdiagnostik, in: Thomas, A.: Psychologie Interkulturellen Handelns, 1996, S.288.
[26] Von Reisch, B.: Kulturstandards lernen und vermitteln, zitiert in: Thomas A.: Kulturstandards in der internationalen Begegnung, 1991, S.81 ff.

ihre Einstellungen und Emotionen gegenüber der eigenen Kultur und dem Gastland verändern und wie sie die Anpassungsleistung an die jeweilige Kultur psychisch erleben. Stellen diese Individuen fest, dass in der neuen physischen und sozialen Umwelt ihre alten Deutungsmuster nicht mehr greifen, reagieren sie frustriert und durchleben eine Anpassungskrise – dies ist ein Kulturschock.[27]

Der Betroffene versteht den Sinn der Handlungen anderer nicht mehr und seine eigenen Handlungen werden andersartig interpretiert als sie ursprünglich gemeint waren.[28]

„Das soziale und kulturelle Orientierungssystem versagt. Es muss ein neues Orientierungssystem aufgebaut werden, das [dem Betroffenen] relative Verhaltenssicherheit ermöglicht."[29]

„Das Phänomen [des Kulturschocks] verschwindet in dem Maße, wie das Verstehen der Gastlandkultur wächst."[30] Nur durch eine angemessene Vorbereitung und Sensibilisierung für kulturelle Unterschiede lässt sich einem solchen Kulturschock vorbeugen, auch wenn er letztlich nicht vollständig zu vermeiden sein wird. Es gilt schnellstmöglich Grenzen zu überwinden und eine Basis zu schaffen, auf der interkulturelle Zusammenarbeit erfolgreich ablaufen kann.[31]

2.5 Interaktionskultur – Basis für interkulturelle Überschneidungen

Eines darf bei der interkulturellen Konfliktvermeidung nicht falsch verstanden werden – es geht nicht darum, dass sich eine der beiden Seiten der gegenüberstehenden Kultur bedingungslos anpasst, damit interkulturelle Interaktion erfolgreich verlaufen kann.[32]

Vielmehr geht es darum, eine gemeinsame Verständnisbasis aufzubauen, auf der die Parteien effektiv interagieren können. Eine solche gemeinsame Verständnisbasis kann als kulturelle Synergie bzw. als Interaktionskultur verstanden werden.[33]

Casimir und Ascunción gehen noch einen Schritt weiter und sprechen in diesem Zusammenhang von einer neu geschaffenen „third-culture" – „a situational subculture wherein temporal behavioural adjustments can be made by the interacting persons as they attempt to reach a mutually agreed upon goals, in their efforts to adjust each other, they build

---

[27] Vgl. Maletzke, G.: Interkulturelle Kommunikation, 1996, S.65 ff.

[28] Vgl. Dorow, W. / Schröder, H. / Wittmann, R.: Akkulturation und Kulturschock, (11.05.2004).

[29] Von Reisch, B.: Kulturstandards lernen und vermitteln, zitiert in: Thomas A.: Kulturstandards in der internationalen Begegnung, 1991, S.78.

[30] Vgl. IFIM: Was versteht man eigentlich unter Kulturschock?, (14.05.2004).

[31] Vgl. Götz, K.: Interkulturelles Lernen / Interkulturelles Training, 2001, S.13 f.

[32] Vgl. Bergmann, A.: Interkulturelle Managemententwicklung, 1993, S.208.

[33] Vgl. Stich, M.: Interkulturelle Kompetenz, 2003, S.16 ff.

upon a commonality experience that can later serve as a starting point for renewed interactions."[34]

Holden versteht diese entstandene Verständnisbasis als Atmosphäre, in der gemeinsames Lernen und kulturübergreifender Wissenstransfer überhaupt erst möglich wird. Diese Erkenntnis beinhaltet zwei wichtige Aspekte. Erstens kann Wissen nur über solch eine Verständnisbasis der beteiligten Personen oder Organisationen richtig transferiert werden. Zweitens können die involvierten Akteure auf dieser Verständnisbasis völlig neue kulturübergreifende Fähigkeiten erlernen, das heißt, ihr Wissen weiter ausbauen. Holden spricht dabei von „Cross Cultural Know-how", welches wiederum zu Wettbewerbsvorteilen führen kann.[35]

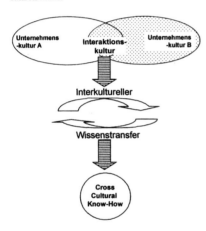

Abb.02: Interaktionskultur als Basis für interkulturellen Wissenstransfer und Cross Cultural Know-how

Quelle: eigene Darstellung i.A.a. Holden, N.: Cross Cultural Management, 2002.

2.5.1 Synergien durch kulturelle Vielfalt

Kulturunterschiede können sich demnach nicht nur negativ, sondern durchaus auch positiv bemerkbar machen. Kulturelle Heterogenität der Humanressourcen von Unternehmen – sowohl innerhalb des eigenen Unternehmens als auch zwischen internationalen Geschäftspartnern – birgt gleichermaßen „Konflikt- wie auch Kreativitäts-, Effektivitäts- und Synergiepotential."[36]

---

[34] Von Casimir, F. / Àsunción-Lande, N.: Intercultural Communication, 1989, zitiert in: Stich, M.: Interkulturelle Kompetenz, 2003, S.16.

[35] Vgl. Holden, N.: Cross Cultural Management, 2002, S.256, in: Stich, M.: Interkulturelle Kompetenz, 2003, S.17.

[36] Von Hofstede, G.: Lokales Denken, globales Handeln, 1997, S.5.

Dieses Maß an Synergiepotential gilt es bestmöglich zu nutzen.

Nach Untersuchungen von Nancy Adler kooperieren kulturell heterogene Teams entweder wesentlich effektiver oder aber wesentlich ineffektiver als kulturell homogene Gruppen[37], das heißt, wenn man das zusätzliche Potential kultureller Heterogenität nutzt, kann man so bessere Ergebnisse erreichen.

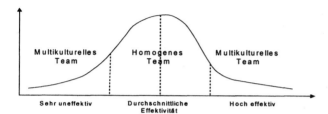

Abb.03: Leistungskurve homogener und heterogener Teams
Quelle: Adler, N.: Internationale Dimension of Organizational Behaviour, 1991, S.135.

Auch kalifornische Wissenschaftler bestätigten die Erkenntnis, dass durch personelle Vielfalt gekennzeichnete Teams ein größeres Erfolgspotential besitzen.[38]

Dieses Resultat lässt nachvollziehbare Vergleiche mit kulturell heterogener Zusammenarbeit auch über die eigenen Unternehmensgrenzen hinweg zu. Demnach ist es also von extremer Wichtigkeit, mögliche Konflikte zwischen den Parteien zu vermeiden und anstatt dessen das Potential zu nutzen, welches oftmals zu einer überdurchschnittlicher Performance führt. Werden Kulturen zusammengebracht, öffnen sich ungeahnte Chancen und Möglichkeiten: „Cross-culture makes the world go around".[39]

Damit Unternehmen von dem positiven Effekt kultureller Vielfalt profitieren können, muss ein Bewusstsein für die Kulturgebundenheit von Denk-, Fühl- und Handlungsweisen entwickelt werden, welches erlaubt, die verborgenen Differenzen aufzudecken und ihre Potentiale positiv zu nutzen.[40]

---

[37] Vgl. Adler, N.: International Dimension of Organizational Behaviour, 1991, S.135, in: Stich, M.: Interkulturelle Kompetenz, 2003, S.15.

[38] Vgl. Nefzer, S.: Herausforderung des Weltmarktes, in: Wirtschaft & Weiterbildung, 07/2000, S.15.

[39] Vgl. Bittner, A.: Cross-culture makes the world go around, in: Manager-Seminare, 04/1993, S.39.

[40] Vgl. Moosmüller, A.: Kulturbegriff, 2000, S.27.

Der Schlüssel zum Erfolg liegt im strategisch richtigen Umgang mit dem Kulturbewusstsein in Situationen, in denen sich kulturell heterogene Personen gegenüberstehen. Es gilt, sich „interkulturell kompetent" zu verhalten.

2.6   Interkulturelle Kompetenz – ein Schlagwort, viele Umschreibungen

Nachdem ich den Begriff der „Interkulturellen Kompetenz" schon öfter verwendet habe, folgt nun der Versuch einer genauen Definition. Schlägt man in der vorhandenen Literatur nach, findet sich eine Vielzahl schillernder Beschreibungen, die allerdings zumeist inhaltlich wenig konkret sind. Dabei taucht der Begriff in vielen unterschiedlichen Zusammenhängen auf. Mal wird er beispielsweise aus politischer Sicht beschrieben, mal auf Basis psychologischer oder medizinischer Thematik definiert.

Da es bei den unterschiedlichen Betrachtungsweisen um verschiedene Schwerpunkte geht, werde ich mich auf eine Definition beschränken, die dienlich für den wirtschaftlichen Gebrauch ist. Doch selbst im wirtschaftlichen Gebrauch sieht sich ein Firmenentsandter, der im Ausland lebt und arbeitet, anderen Anforderungen gegenüber als ein Verwaltungs-mitarbeiter, der ausländische Kunden betreut. Angesichts der Vielzahl von Handlungsfeldern, in denen interkulturelle Kompetenz gefordert und gewünscht wird, ist es zunehmend wichtig zu berücksichtigen, auf welchen Kontext sie bezogen wird.[41]

Im weiteren Verlauf der Arbeit wird es weniger um die Anforderungen spezieller Stellen im Unternehmen gehen, als um die allgemeine Rolle interkultureller Kompetenz im täglichen Geschäftsgebrauch und um den Erwerb eben dieser Kompetenz.

2.6.1   Geschichte der Interkulturellen Kompetenz

Bereits in den 50er Jahren hat die US-amerikanische Regierung ihre Beamten systematisch auf Auslandseinsätze vorbereitet. Anfang der 60er wandten sich schließlich aufgrund zunehmender Auslandsaktivitäten auch Wirtschaftsunternehmen dem Thema der inter-kulturellen Kompetenz zu. Es galt, die Gründe für Erfolg und Misserfolg in der internationalen Zusammenarbeit zu erforschen. Der Anthropologe Edward T. Hall entwickelte erstmals Schulungskonzepte für interkulturelle Begegnungen im Ausland. Während die Wissenschaft zunehmend an der theoretischen Grundlage der neuen Forschungsdisziplin arbeitete, kamen in den 70er-Jahren unzählige Handbücher mit praktischen Tipps (Doing Business in...) und Ratgeber auf den Markt, die den Leser mit einfachen Rezepten, was in einer fremden Kultur zu tun und zu lassen sei (Do's and Dont's), versorgten. „ Dieser Welle

---

[41] Vgl. Palumbo, E.: Interkulturelle Kompetenz, Politische Studien, Heft 383, 06/2002, S.76.

populärwissenschaftlicher Literatur ist es wohl zu verdanken, dass interkulturelle Kompetenz heute immer noch gerne mit dem Wissen um Benimmregeln fürs Ausland gleichgesetzt wird."[42]

Die folgende Definition wird zeigen, dass im wissenschaftlichen Verständnis interkulturelle Kompetenz neben kognitiven Aspekten, also dem bloßen Wissen über Kulturdifferenzen, vor allem auch eine affektive und verhaltensbezogene Ebene hat.

2.6.2 Definition Interkultureller Kompetenz

Interkulturelle Kompetenz kann bezeichnet werden als „die linguistische, soziale und psychische Fähigkeit einer Person mit Individuen und Gruppen, die einer anderen Kultur angehören, erfolgreich zu kommunizieren."[43]

Diese Fähigkeit ist Resultat eines interkulturellen Lernens, in dessen Verlauf ein Individuum fremdkulturelles Verhalten zunehmend besser verstehen und akzeptieren kann und so sein Verhalten selbst ändert oder zumindest sein Repertoire an Verhaltensweisen erweitert. In seiner effektiven Anwendung wird interkulturelle Kompetenz häufig auch als interkulturelle Handlungskompetenz bezeichnet. Diese Schlüsselqualifikation des richtigen Handelns im internationalen Kontext beschreibt „die Fähigkeit einen Perspektivenwechsel einzuüben, die Relativität der eigenen Person zu erkennen und in der Folge konfliktfähiger zu werden."[44]

Gerade letztere Definition zeigt, dass interkulturelle Kompetenz zum Großteil eine besondere Form sozialer und kommunikativer Kompetenz ist. Sie geht weit über das bloße Wissen kultureller Unterschiede hinaus. Graf untergliedert interkulturelle Kompetenz vereinfacht in drei Komponenten: Wissen, Motivation und Fähigkeiten. Nur wenn alle drei Komponenten bei einer Person ausgebildet sind, kann diese angemessen und effektiv in einer anderen Kultur handeln.[45]

---

[42] Von Palumbo, E.: Interkulturelle Kompetenz, Politische Studien, Heft 383, 06/2002, S.72.
[43] Von Moosmüller, A.: Interkulturelle Kompetenz und Interkulturelle Kenntnisse, in:
Roth, K.: Mit der Differenz leben, 1996, S.271-290, zitiert in: Palumbo, E.: Interkulturelle Kompetenz, Politische Studien, Heft 383, 06/2002, S.73.
[44] Von Klußmann, J.: Interkulturelle Kompetenz und Medienpraxis, 2004, S.61.
[45] Vgl. Graf, A. : Personal, 06/2003, S.26–29.

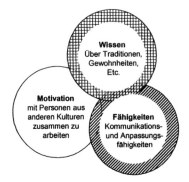

Abb.04: Komponenten interkultureller Kompetenz
Quelle: Graf, A. Personal, 06/2003, S.28.

• **Wissen über die fremde Kultur:**

Das Wissen über eine fremdartige Kultur beinhaltet Kenntnisse über deren Traditionen, Gewohnheiten und Verhaltensweisen. Auch die Beherrschung der Landessprache fällt unter die Wissenskomponente. Dabei ist es vorteilhaft, soviel Wissen wie möglich über die fremde Kultur zu haben, um so Missverständnissen oder gar Konflikten vorzubeugen. Es ist jedoch fatal sich eben nur auf dieses Wissen zu verlassen. Sprachkenntnisse sind oftmals hilfreich, aber kein Muss. Englisch als momentane „Weltsprache" der Wirtschaft ist oftmals ausreichend.[46]

• **Motivation, mit Personen aus einer anderen Kultur zusammenzuarbeiten:**

Der Wille und die Bereitschaft mit Personen aus anderen Kulturen zusammenzuarbeiten und deren kulturellen Besonderheiten mit Respekt zu begegnen müssen vorhanden sein. Es gilt, Vorurteile abzubauen und den Willen zu zeigen „einen guten Eindruck zu machen". Dies ist eine Einstellungssache, die selbst durch kulturelles Training längst nicht von jedem zu erlernen ist.[47]

• **Fähigkeiten – Kommunikations- und Anpassungsfähigkeit:**

Selbst das Wissen über die fremde Kultur und die notwendige Motivation garantieren noch kein kompetentes Handeln. Es bedarf zusätzlich Fähigkeiten, sich gewissen Situationen anzupassen und interkulturell kompetent zu kommunizieren. Das mag für das Geschäftsleben banal klingen, doch sind gerade in interkulturellen Überschneidungssituationen diese Fähigkeiten besonders gefragt. Leicht findet man sich in unvorhersehbaren Situationen wieder, auf die es angemessen zu reagieren gilt. Und selbst wenn man sich so ausdrückt wie

---

[46] Vgl. Graf, A. : Personal, 06/2003, S.26–29.
[47] ebenda

es einem richtig erscheint, heißt das noch lange nicht, dass die Botschaft über die interkulturelle Sprachbarriere auch so aufgenommen wurde.[48] Nur wer diese drei Komponenten im Einklang beherrscht, kann interkulturell kompetent handeln. Wie sich in Teil IV der Arbeit zeigen wird, ist die Aneignung von interkulturellem Wissen über eine fremde Kultur relativ problemlos möglich. Auch die Landessprache kann in einem Sprachkurs relativ leicht erlernt bzw. verbessert werden, ist aber meist keine Grundvoraussetzung für interkulturell erfolgreiches Handeln. Demgegenüber sind die beiden anderen Komponenten weitaus schwieriger zu erlernen, weil sie die veränderungsresistenten affektiven Merkmale einer Person betreffen.[49] Hier liegt der entscheidende Unterschied zwischen denjenigen, die sich lediglich fremd-kulturelles Wissen angeeignet haben und denen, die tatsächlich interkulturelle Handlungs-fähigkeit besitzen.

Es gibt eine Vielzahl weiterer, meist äußerst komplexer Definitionen von interkultureller Kompetenz. Allen gemeinsam ist jedoch eine generelle Differenzierung in eine kognitive, affektive und verhaltensbezogene Dimension. Die kognitive Dimension beinhaltet fremdkulturelles Wissen und das Verständnis von eigen-, fremd-, und interkulturellen Prozessen. Der affektiven Dimension werden Eigenschaften und Einstellungen zugeordnet. Kognitive und affektive Dimension müssen letztlich auch adäquat in Verhalten und Handlungen umgesetzt werden – dies ist Inhalt der verhaltensbezogene Dimension.[50] „Bei kultureller Kompetenz geht es darum, „affektive, kognitive und verhaltensbezogene Aspekte miteinander zu verknüpfen und in einen Handlungszusammenhang zu integrieren [...]".[51]

Nachdem die Begrifflichkeiten und die Rolle von interkultureller Kompetenz geklärt sind, folgt nun die Diskussion darüber, inwieweit interkulturelle Kompetenz tatsächlich entscheidend für den Unternehmenserfolg international agierender Unternehmen ist.

2.7   Kulturelle Kompetenz – Modewort oder der Schlüssel zum Erfolg

Im Rahmen der allgemeinen Wellenbewegungen von Managementtrends und -moden sind es momentan wieder die „weichen Methoden", also die Besinnung auf „soft skills", die im

---

[48] Vgl. Graf, A. : Personal, 06/2003, S.26–29.

[49] Vgl. Graf, A.: Personal, 06/2003, S.28.

[50] Vgl. Götz, K.: Interkulturelles Lernen / Interkulturelles Training, 2001, S.68 f.

[51] Vgl. Götz, K.: Interkulturelles Lernen / Interkulturelles Training, 2001, S.71.

Fokus der Manager liegen.[52] Viele aktuelle wirtschaftliche Beiträge befassen sich mit der Diskussion um interkulturelle Kompetenz und interkulturelles Management. Fanden sich 1999 in einer Internet-Suchmaschine noch 58 Einträge zum Thema „interkulturelle Kompetenz", so hatte sich diese Zahl Anfang 2001 auf 1740 verdreißigfacht.[53] Heute findet man unter der Suchmaschine „Google" ungefähr 57.300 Einträge unter „interkulturelle Kompetenz". Es wird sich zeigen, ob es sich dabei nur um eine vergängliche Modeerscheinung handelt oder interkulturelles Management zum integralen Bestandteil des Unternehmensmanagement wird.

Die folgende Diskussion ist in vier Bereiche untergliedert, um anhand jedes einzelnen Bereichs die Wichtigkeit interkultureller Kompetenz aufzuzeigen, und schließlich ein zusammenfassendes Fazit darüber zu geben, wie sehr sie zum gesamten Unternehmenserfolg beiträgt und von welcher Relevanz sie zukünftig sein wird. Dazu wird interkulturelle Kompetenz als Komponente internationaler Handlungskompetenz, als Basis für inter-kulturellen Wissenstransfer, als operativer Werttreiber und als Möglichkeit zum Aufbau verhaltensbedingter Marktbarrieren betrachtet.

2.7.1 Interkulturelle Kompetenz als Komponente internationaler Handlungs-kompetenz

Ziel eines jeden Unternehmens ist es unter den gegebenen Umständen bestmöglich zu wirtschaften. Es gilt dabei strategisch so vorzugehen, dass die gesetzten Ziele so effektiv und effizient wie möglich erreicht werden. Im Kern geht es darum, durch situationsgerechtes Handeln nachhaltige Erfolgspotentiale unter Ausnutzung von Wettbewerbsvorteilen aufzubauen. Dieses optimale strategische Vorgehen wird im weiteren Verlauf als Handlungs-kompetenz bezeichnet. Vor dem Hintergrund international agierender Unternehmen spricht man von internationaler Handlungskompetenz.[54]

„Die internationale Handlungskompetenz ist zu verstehen als die Fähigkeit des Individuums, in der sozialen Interaktion so zu handeln, dass unter Beachtung der geltenden sozialen Normen und Verhaltensregeln eigene Ziele verwirklicht, sowie für alle Interaktionsbeteiligten positive Konsequenzen maximiert und negative minimiert werden."[55]

---

[52] Vgl. Jäger, W.: Analysten entdecken das Humankapital, Personalwirtschaft, 12/2002, S.16.
[53] Vgl. Bolton, J.: Interkulturelle Kompetenz, 2001, S.5.
[54] Vgl. Martin, M.: Skriptum zur Vorlesung Unternehmensführung I, Teil II, WS 03.
[55] Von Eder, G.: Soziale Handlungskompetenz als Bedingung und Wirkung interkultureller Begegnung, in: Thomas, A.: Psychologie interkulturellen Handelns, 1996, S.411.

„Der Leitgedanke der internationalen Handlungskompetenz bezeichnet die Gesamtheit von Eignungsmerkmalen aus drei zentralen Kompetenzbereichen (fachliche, methodische und interkulturelle Kompetenz), mit deren Hilfe ein Mitarbeiter befähigt werden soll, im Rahmen internationaler Zusammenarbeit erfolgreich bestehen zu können. Dies beinhaltet eine gelungene persönliche Anpassung des tätigen Mitarbeiters, seine Akzeptanz seitens der Interaktionspartner im Ausland sowie schließlich eine gute Aufgabenerfüllung hinsichtlich der unternehmensbezogenen Arbeitsziele."[56]

Basierend auf dieser Definition internationaler Handlungskompetenz nach Geschka werden im Folgenden die drei verschiedenen Kompetenzbereiche (fachliche, methodische und interkulturelle Kompetenz), aus denen sich die internationale Handlungskompetenz zusammensetzt, näher betrachtet.

Die fachliche und methodische Kompetenz sollten ohnehin bei Mitarbeitern einer jeden Unternehmung, ob groß oder klein, national oder international, vorhanden sein. Ich werde dennoch kurz auf diese beiden Kompetenzbereiche eingehen, um den dritten, für diese Arbeit wesentlichen Bereich der interkulturellen Kompetenz, abzugrenzen und seine Rolle als entscheidenden Wettbewerbsfaktor zu verdeutlichen.

● **Fachliche Kompetenz**

Unter fachlicher Kompetenz versteht man die sachlich korrekte Erfüllung der mit einer konkreten betrieblichen Aufgabe verbundenen Anforderungen (= aufgabenspezifisch), sowie die Fähigkeit, Arbeitshandlungen im unternehmerischen Gesamtzusammenhang beurteilen zu können (= konzeptionelle Fähigkeit).

Da im internationalen Kontext Komplexität und Dynamik der Aufgaben meist zunehmen, sind dabei abteilungsübergreifende und unternehmensumfassende Kenntnisse immer wichtiger. Der international agierende Mitarbeiter sollte sowohl Universalist, als auch Spezialist sein.

Charakteristisch für die fachliche Kompetenz ist die deutliche Objektorientierung zur Erfüllung der Sachaufgabe.[57]

---

[56] Von Geistmann, C.: Erfolg durch interkulturelle Kompetenz, 2003, S.6.
[57] Vgl. Geistmann, C.: Erfolg durch interkulturelle Kompetenz, 2003, S.7 f.

Fachliche Kompetenz als Oberbegriff für die Objektorientierung im Hinblick auf die Aufgabenerfüllung mit den Teilbereichen:	
Aufgabenspezifische Kompetenz	**Konzeptionelle Kompetenz**
Vermitteln von Einsichten in die inner- und überbetrieblichen Zusammenhänge, um sich schneller im neuen Verantwortungsfeld zurechtzufinden.	**Innovationsfähigkeit** (Entwicklung neuer Ideen sowie eigener Strategien; Sensibilität für schwache Signale) **Fähigkeit zu visionärem Denken** (zukunftsorientiertes Denken; Denken in Tendenzen und Interdependenzen anstatt in monokausalen Beziehungen) **Fähigkeit zu analytischem Denken** (mehrdimensionales Denken, vernetztes Denken; Denken in Problem- und Lösungshirarchien; Denken in Alternativen und Konsequenzen) **Fähigkeit zu strategischem Denken** (das Wesentliche vom Unwesentlichen unterscheiden; adäquater Einsatz von Experten, d.h. wer, was, wann, wo mit wem und mit welchem Ziel)

Abb.05: Zusammensetzung der fachlichen Kompetenz

Quelle: Geistmann, C.: Erfolg durch interkulturelle Kompetenz, 2003, S.8.

Nach dieser Definition mag die fachliche Kompetenz bereits als wichtigster Kompetenzbereich erscheinen. Die nachfolgenden Ausführungen zeigen jedoch, dass es nicht ratsam ist, hier den alleinigen Schwerpunkt zu setzten.

● **Methodische Kompetenz**

Wer sein komplexes Fachwissen nicht mit einfachen Worten wiedergeben kann, hat ein Problem. Um kompetent zu handeln, kommt es nicht nur alleine auf das Fachwissen eines Mitarbeiters an, sondern auch auf dessen Anwendungs- und Vermittlungsfähigkeit.

Die Leistung, Wissen in Nutzen zu transformieren, ist gerade in der heutigen Zeit der zunehmenden Informationsflut ein wesentlicher Faktor erfolgreicher Arbeitsleistung. Unter methodischer Kompetenz versteht man eben diese Fähigkeit zur selbst-ständigen Beschaffung, Erschließung und Verarbeitung von Informationen, um auf veränderte Situationen rasch und problemadäquat reagieren zu können.

Charakteristisch für die methodische Kompetenz ist die hohe Prozessorientierung im Zusammenhang mit der Realisierung der Sachaufgabe.[58]

---

[58] Vgl. Geistmann, C.: Erfolg durch interkulturelle Kompetenz, 2003, S.9 f.

Methodische Kompetenz als Oberbegriff für die Prozessorientierung im Hinblick auf die Aufgabenerfüllung mit den Teilbereichen:
Individuelle Arbeits- und Motivationstechniken (Zeitmanagement, Zielformulierung und Aufgabenanalyse, ABC-Analyse) **Entscheidungs- und Problemlösungstechniken** (Kosten-/Nutzenanalysen, Investitionsrechnung, Entscheidungs-Matrix-Methode, Entscheidungsbaum-Methode) **Lern- und Kreativitätstechniken** (Mind-Mapping, Memotechniken, Brainstorming, Brainwriting, Morphologische Techniken, Szenario-Techniken) **Entspannungs- und Konzentrationstechniken** (Meditation, Muskelrelaxation, Autogenes Training, Yoga, Atementspannung, Phantasiereisen, gezielte Gymnastik) **Gruppenarbeitstechniken** (Moderationstechnik, Visualisierungstechnik, Präsentationstechnik, Rhetorik) **Informations- und Kommunikationstechniken** (Elektronik-Mail, Elektronische Datenübertragung)

Abb.06:   Zusammensetzung der methodischen Kompetenz

Quelle: Geistmann, C.: Erfolg durch interkulturelle Kompetenz, 2003, S.9.

• Interkulturelle Kompetenz

Der dritte Kompetenzbereich der internationalen Handlungskompetenz stellt die soziale Komponente dar, die auf die erfolgreiche Interaktion zwischen Menschen abzielt. Wie bereits im Kapitel 2.5 erwähnt geht es dabei nicht um die vollständige Anpassung an das fremdkulturelle Umfeld, als vielmehr um ein Ausbalancieren gegenseitiger Standpunkte zur Schaffung einer interkulturellen Austauschbasis. Die angestrebte Balance zwischen eigenen und fremden jeweils kulturgeprägten Erwartungen als zentrale Zielgröße interkultureller Kompetenz wird auch als bewusste Verhaltenssensibilisierung bezeichnet. In dieser Verhaltenssensibilisierung kommt die Fähigkeit zum Ausdruck, Gründe und Ursachen andersartigen Verhaltens erkennen, verstehen und interpretieren zu können, um darauf aufbauend interkulturelle Interaktionsbeziehungen erfolgreich zu gestalten. Damit ist interkulturelle Kompetenz zwar nicht die alleinige, doch aber eine notwendige Vorraussetzung für die erfolgreiche internationale Zusammenarbeit.

Charakteristisch für die interkulturelle Kompetenz ist somit die hohe Verhaltensorientierung im Zusammenhang mit der Realisierung der Sachaufgabe. [59]

Interkulturelle Kompetenz Bewusste Verhaltenssensibilisierung als zentrales Ziel, d.h. bewusste Interpretation und bewusstes Gestalten von interkulturellen Interaktionssituationen	
Kognitive Komponente der bewussten Verhaltens-sensibilisierung in Form von Wissensaspekten (Kenntnisse)	**Affektive Komponente** der bewussten Verhaltens-sensibilisierung in Form von Einstellungsaspekten (Fähigkeiten)

Abb.07:   Zusammensetzung der interkulturellen Kompetenz

Quelle: Geistmann, C.: Erfolg durch interkulturelle Kompetenz, 2003, S.10.

---

[59] Vgl. Geistmann, C.: Erfolg durch interkulturelle Kompetenz, 2003, S.10 ff.

Für die Bewährung im fremdkulturellen Umfeld wird die interkulturelle Kompetenz als grundlegend angesehen und stellt somit die Basis für eine erfolgreiche Entfaltung der fachlichen und methodischen Kompetenz dar. Durch interkulturelle Kompetenz kann die betreffende Person abschätzen, wie er seine fachliche und methodische Kompetenz an die kulturell geprägten Bedürfnisse des Interaktionslandes anzupassen hat. Nur ein effektives Zusammenspiel der drei Kompetenzbereiche ermöglicht es, auf internationaler Geschäfts- ebene kompetent zu handeln.[60]

Auch andere Experten zeigen immer wieder auf, wie interkulturelle Kompetenz die entscheidende Komponente ist, um erfolgreiches Management - und Alles was dazu gehört - auch im internationalen Kontext zu betreiben.

Das folgende Modell stellt die interkulturelle Kompetenz dazu in Zusammenhang mit den allgemeinen Kompetenzfeldern des Managements. Im Hinblick darauf, dass wir hier interkulturelle Kompetenz als Fähigkeit für wirtschaftlich erfolgreiches Management im internationalen Kontext betrachten, macht das durchaus Sinn.

Abb.08:   Komponenten internationaler Management-Kompetenz
Quelle: Götz, K.: Interkulturelles Lernen / Interkulturelles Training, 2001, S.70.

Alle Kompetenzfelder sind untereinander interdependent, stehen also in einem Zusammen- hang und bedingen sich gegenseitig. Das Zusammenspiel der äußeren vier Kompetenzfelder kann als nationale Managementkompetenz bezeichnet werden, dasjenige aller fünf

---

[60] Vgl. Geistmann, C.: Erfolg durch interkulturelle Kompetenz, 2003, S.17.

Kompetenzfelder als internationale Managementkompetenz. Danach nimmt interkulturelle Kompetenz die entscheidende Rolle für international erfolgreiches Management ein.[61]

Beide Ansätze machen klar, dass interkulturelle Kompetenz im Rahmen der für erfolgreiches internationales Wirtschaften notwendigen internationalen Handlungskompetenz eine entscheidende Rolle einnimmt. Infolgedessen ist in meinen Augen interkulturelle Kompetenz dadurch besonders für Entscheidungsträger internationaler Unternehmungen ein ganz entscheidender Wettbewerbsfaktor.

2.7.2 Interkulturelle Kompetenz als Basis für interkulturellen Wissenstransfer

Im Kapitel 2.5 über die Interaktionskultur wurde bereits die wertvolle Erkenntnis gewonnen, dass interkulturelle Kompetenz als unternehmerische Fähigkeit in zweierlei Hinsicht wertsteigernden Charakter enthält – als Basis für kultur-übergreifendes Lernen (Cross Cultural Know-how) und für kulturübergreifenden Wissenstransfer.

Da wir uns momentan im laufenden Übergang von einer Industriegesellschaft zur Wissens- und Informationsgesellschaft befinden, in der die steigende Relevanz von Wissen als kritische Ressource diese zum wichtigsten Wettbewerbsfaktor gemacht hat[62], möchte ich hier auf den Punkt des kulturübergreifenden Wissenstransfers weiter eingehen, um dadurch auch in diesem Kontext die interkulturelle Kompetenz auf ihre Relevanz zu untersuchen.

Immaterielle Vermögensgegenstände machen heute teilweise bis zu 80% des Unternehmenswertes aus. Unter immateriellen Vermögensgegenständen versteht man beispielsweise das intellektuelle Kapital eines Unternehmens, welches sich wiederum aus Kundenkapital, strukturellem Kapital und Humankapital zusammensetzt.[63]

Besonders diese „verborgenen Vermögensgegenstände" stellen eine spezielle und strategisch besonders wertvolle Form der immateriellen Ressourcen dar. Sie tragen relativ dauerhaft in nutzenstiftender Weise zum Leistungsprozess bei, sind begrenzt verfügbar und schwer zu imitieren.[64]

Da es weitestgehend imitationsresistent und nicht standardisierbar ist, ist es gerade das intellektuelle Kapital, das Wertschöpfung generieren und dem Unternehmen so den

---

[61] Vgl. Götz, K.: Interkulturelles Lernen / Interkulturelles Training, 2001, S.70.
[62] Vgl. Prange, C.: Organisationales Lernen und Wissensmanagement, 2001, S.11 ff.
[63] Vgl. Edvinsson, L. / Brüning, G.: Aktivposten Wissenskapital, Wiesbaden 2000, S.27-32.
[64] Vgl. Geistmann, C.: Erfolg durch interkulturelle Kompetenz, 2003, S.1.

entscheidenden Mehrwert bringen kann. Intellektuelles Kapital nimmt als Wettbewerbsfaktor im internationalen Kontext eine immer größere Schlüsselposition ein.[65] Aufgrund der Wichtigkeit dieser immateriellen Werte bedarf es eines effektiven Managements, um aus diesen versteckten Potentialen höchst möglichen Mehrwert zu generieren.[66] „Human Capital Management" und „Wissensmanagement" sind nur einige Schlagwörter, die in dieser Entwicklung entstanden sind und heute jedem Unternehmen ein Begriff sein sollten.

Innerhalb einer Organisation Wissen zu managen bedeutet, die Identifikation, Bewahrung, (Ver)teilung, Nutzung und Bewertung von Wissen auf verschiedenen Ebenen integriert zu koordinieren.[67]

Im Rahmen dieser Arbeit werden international agierende Unternehmen betrachtet. Dabei stellt sich die ohnehin schon extrem komplexe Aufgabe des Wissensmanagements der besonderen Problematik des interkulturellen Wissenstransfers gegenüber, die sich durch folgendes Zitat von Markus Venzin verdeutlichen lässt: „ Shared knowledge is generated in different language systems, (organizational) cultures, and (work) groups. If the context changes (e.g. culture), knowledge also changes".[68]

Der Wissenstransfer über kulturelle Grenzen hinweg ist deshalb so problematisch, weil es auf Empfängerseite leicht zu Informationsverlusten, „Interpretationsschwierigkeiten und Bedeutungsverschiebungen von Wissensinhalten" kommen kann.[69] Über die bloße sprachliche Übersetzung muss das Wissen noch in einen anderen sozialen und kulturellen Kontext integriert werden. Um dieser Problematik zu entgehen, muss man in der Lage sein, zwischen kulturell unterschiedlichem Kontext sinngemäß übersetzen zu können. Da solche Kontexte als jeweils eigene Lebens-, Sprach- und Wissensform zu verstehen sind, geht die Übersetzung über eine rein linguistische Ebene hinaus.[70]

---

[65] Vgl. Jäger, W.: Skriptum Unternehmensführung II – Ansätze und Probleme der Bewertung von Humankapital, 2003, Folie 9.

[66] Vgl. Wolf, P.: Managementkompetenz – Erfolgsmessung der Einführung von Wissensmanagement, 2003, S.54 ff.

[67] Vgl. Gensicke, H.: Prozessbegleitende Projektarbeit als Weg zum Wissensmanagement und zur lernenden Organisation, 2002, S.17.

[68] Von Venzin, M.: Knowledge Management, in: CEMS Business Review, 1998, S.207, zitiert in: Stich, M.: Interkulturelle Kompetenz, 2003, S.15.

[69] Von Krogh, G. / Kröhne, M.: Der Wissenstransfer in Unternehmen, in: Die Unternehmung, 06/1998, S.237.

[70] Vgl. Holden, G.: Cross-cultural Management, 2002, S.208, in: Stich, M.: Interkulturelle Kompetenz, 2003, S.20.

Interkultureller Wissenstransfer verlangt nach der Fähigkeit, über kulturgeprägte Lernstile und Wissensformen hinweg Inhalte zu übersetzen. Keiner weiß das besser als Wissensunternehmen. Für diese stellt sich die Frage, ob Wissen überhaupt ein globalisierbares Gut ist. Für Unternehmensberatungen zum Beispiel ist es von existentieller Wichtigkeit, dass Menschen miteinander reden und Wissen über kulturelle Grenzen miteinander teilen und nutzen. Burkhard Schwenker von der Unternehmensberatung Roland Berger hat ganz richtig erkannt, dass man im Consulting zwar hervorragend international arbeiten kann, aber genügend lokale oder zumindest interkulturell kompetente Kollegen braucht, sobald es um die Umsetzung geht. Auch McKinsey musste erkennen, dass ihr Office in China viel besser läuft, seit dort auch Chinesen arbeiten – zumindest solange bis auch fremde Mitarbeiter in der Lage sind, kulturelle Barrieren zu überwinden.[71]

Angesichts der aufgeführten Informationen komme ich zu dem Schluss, dass interkulturelle Kompetenz der Schlüssel dazu ist, Wissen über interkulturelle Grenzen zu transferieren – eine Fähigkeit, die im Geschäftsleben durchaus über Erfolg und Misserfolg entscheiden kann. Folgendermaßen sehe ich auch hier die Bedeutung interkultureller Kompetenz als entscheidenden Wettbewerbsfaktor bestätigt, da es mehr denn je für Unternehmen gilt, sich durch solche „immateriellen Werte" wie Wissen vom Wettbewerb zu differenzieren und dadurch einen Vorteil im internationalen Konkurrenzkampf zu erlangen.

2.7.3 Interkulturelle Kompetenz als operativer Werttreiber

Im Rahmen des Value Based Performance Management, also des Wertsteigerungsmanagement, sind gerade in den vergangenen Jahren interessante Diskussionen entstanden. Basierend auf der Tradition des Shareholder-Value-Ansatzes geht es dabei um die effektive wirtschaftliche Liquiditätssteuerung bzw. ein optimales Wertsteigerungsmanagement im Unternehmen.[72]

Um die möglichst optimale Liquiditätssteuerung auf seine Effizienz zu untersuchen, wurde eine Vielzahl von theoretischen Modellen und Kennzahlensystemen entwickelt, welche die einzelnen Werttreiber auf allen Organisationsebenen der Unternehmung identifizieren, priorisieren und versuchen, ihren Wertbeitrag zum Gesamterfolg des Unternehmens zu messen.

---

[71] Vgl. Buchholz, S. / Sommer, C.: Lässt sich Wissen globalisieren?, in: Brandeins, Heft 05, 05/2001, S.110 – 114.
[72] Vgl. Jäger, W.: Skriptum zur Vorlesung Unternehmensführung II, WS 03

„Werttreiber sind all jene beeinflussbaren Faktoren, die einen maßgeblichen Einfluss auf das wirtschaftliche Ergebnis einzelner Funktionen oder Prozesse ausüben können und deren Verbesserung zu einer Steigerung des Unternehmenswertes führt."[73]

Eine wichtige Erkenntnis ist die Unterscheidung von klassischen finanziellen Werttreibern wie Profitabilität, Kapitaleffizienz oder Umsatzwachstum und operativen Werttreibern. Operative Werttreiber sind beeinflussbare Stellhebel des täglichen Geschäftes auf allen Organisationsebenen. Gerade diese leicht zu beeinflussenden Stellhebel sind meist von besonderer Bedeutung für den Gesamterfolg der Unternehmung.[74]

Wie in Kapital 2.2 beschrieben, „[findet] alles, was Menschen im Arbeitsleben tun, [..] im Rahmen kulturell geprägter Vorstellungen statt."[75]

Agiert ein Unternehmen weltweit, so ist die interkulturelle Kompetenz eine elementare Voraussetzung für alle internationalen Kontaktpunkte, also für alle Mitarbeiter, die sich in interkulturellen Überschneidungssituationen befinden. In Unternehmen mit einer kulturell heterogenen Belegschaft dürfte dies eigentlich jeder einzelne Mitarbeiter sein.

Ich sehe interkulturelle Kompetenz als operativen Werttreiber, der dazu beiträgt, interkulturelle Handlungsabläufe effektiv zu gestalten und andere wichtige Wettbewerbsfaktoren, wie zum Beispiel Wissen, effizient zu nutzen und so eine prägende und wertschöpfende Wirkung auf allen Organisationsebenen hat.

Gerade über die Verknüpfung aller Werttreiber des Unternehmens wird die Relevanz der einzelnen Stellhebel deutlich. Nur die einwandfreie Abstimmung aller Faktoren garantiert dem Unternehmen eine optimale Performance und in internationalen Unternehmen kann dies eben nur auf Basis interkultureller Kompetenz, nämlich durch interkulturell kompetentes Verhalten und Handeln erreicht werden.[76]

Wettbewerbvorteile, die auf Basis organisationaler Kompetenzen erzeugt werden, sind zudem tendenziell dauerhaft, weil die Funktionsweise von Kompetenzen für Konkurrenten in der Regel schwer zu verstehen und daher auch schwer nachzuahmen sind.[77]

So bleibt festzuhalten, dass interkulturelle Kompetenz ein Erfolgsfaktor ist, der zwar, wie sich im weiteren Verlauf der Arbeit zeigen wird, nur in einem langwierigen Prozess zu erlangen ist, sich aber schließlich als besonders lohnenswert erweist.

---

[73] Von Brunner, J.: Value Based Performance Management, 1999, S.67.
[74] Vgl. Brunner, J.: Value Based Performance Management, 1999, S.64 ff.
[75] Vgl. IFIM: Was verstehet man unter interkulturellem Management?, (12.05.2004).
[76] Vgl. Brunner, J.: Value Based Performance Management, 1999, S.64 ff.
[77] Vgl. Probst, G. / Raub, S.: Wissensmanagement, 1998, S.134, in: Zeitschrift für Organisation, 03/1998, S.132–137.

In Kapitel 2.5.1 wurde zudem schon erläutert, wie interkulturelle Kompetenz auch innerhalb der Organisation in der Zusammenarbeit von multikulturellen Teams zu Synergieeffekten führen und neue Potenziale schaffen kann. Auch dies ist eine weitere Form der internen Wertschöpfung, basierend auf interkultureller Kompetenz.

2.7.4 Interkulturelle Kompetenz als psychologische Marktbarriere

Marktbarrieren stellen für etablierte Unternehmen einen Schutz und für neue Anbieter ein Risiko dar. Man unterscheidet zwischen ökonomischen und psychologischen Barrieren. Während es bei den ökonomischen Barrieren hauptsächlich um Kostendegressionseffekte geht, die für Konkurrenten Eintrittshemmnisse darstellen, sind die psychologischen Grenzen verhaltensrelevanter Natur. Solche psychologischen Marktbarrieren sind meist noch schwieriger zu überwinden als ökonomische Barrieren.[78]

Interkulturelle Kompetenz ist der Grundstein zum Knüpfen internationaler Kontakte, diese auszubauen und zu pflegen. Hat man sich als kompetenter Geschäftspartner bewiesen, genießt man eine Art „Good Will" und einen gewissen Präferenzvorteil, den es für drohende Konkurrenz erst einmal mit viel Mühe zu überwinden gilt. Im weltweiten Geschäft ist es zumeist komplizierter, Partner zu finden bzw. zu wechseln, und so haben bestehende Geschäftsverbindungen eine besondere Bedeutung. Von solchen Geschäftsverbindungen versprechen sich alle Beteiligten langfristig wirtschaftliche Vorteile gemäß dem jeweiligen Zielsystem.[79] Unter beidseitigem Commitment entsteht eine starke innere Bindung zwischen den Geschäftspartnern, deren wahrgenommene Qualität im internationalen Kontext durch interkulturelle Kompetenz beeinflusst wird.[80] Je stärker die Geschäftsverbindung, desto niedriger die Wechselneigung von Geschäftspartnern, desto abschreckender wirken sich psychologische Marktbarrieren für die Konkurrenz aus.[81]

Gerade im asiatischen Markt sind wirtschaftliche Kontakte auf Dauer ausgelegt und bestehende Geschäftsverbindungen besonders wertvoll. Interkulturelle Kompetenz hilft, solche „Connections" zu knüpfen, zu stärken und aufrecht zu erhalten.[82]

---

[78] Vgl. Martin, M.: Skriptum zu Unternehmensführung I, Teil 4: Markteintritts- und Marktverteidigungsstrategien, WS 03.

[79] Vgl. Stich, M.: Interkulturelle Kompetenz, 2003, S.25 f.

[80] Vgl. Diller, H. / Ivens, B.: Beziehungsstile im Business-to-Business-Geschäft, in: ZfB, 03/2004, S.253.

[81] Vgl. Martin, M.: Skriptum zu Unternehmensführung I, Teil 4: Markteintritts- und Marktverteidigungsstrategien, WS 03.

[82] Vgl. Gesteland, R.: Global Business Behaviour, 2002, S.155 ff.

So führt interkulturelle Kompetenz zu dauerhaften Wettbewerbsvorteilen durch die Schaffung psychologischer Marktbarrieren.

2.7.5   Fazit - Interkulturelle Kompetenz als Erfolgsfaktor internationaler Unternehmen

Vor dem Hintergrund, dass die Internationalisierung zwar weiter fortschreitet, aber dadurch kein globaler Markt mit einer Welteinheitskultur besteht, ist deutlich geworden, dass sich international agierende Unternehmen zunehmend mit unterschiedlichen Kulturen im Geschäftsleben auseinandersetzen müssen.

Dabei werden „global agierende Unternehmen auf den wichtigen Wettbewerbsvorteil einer gut ausgebildeten interkulturellen Kompetenz auf Seiten der Mitarbeiter nicht verzichten können."[83]

Die von mir untersuchten Bereiche haben zu dem Ergebnis geführt, dass kulturelle Kompetenz

- die entscheidende Komponente internationaler Handlungskompetenz ist,
- die Basis für interkulturellen Wissenstransfers stellt,
- als operativer Werttreiber innerhalb der Organisation zur Wertsteigerung beitragen kann und die Möglichkeit bietet,
- dauerhafte Geschäftsverbindungen aufzubauen, die sich für das Unternehmen als Wettbewerbsvorteil gegenüber drohender Konkurrenz auswirken.

Nach dieser Erkenntnis kann man sicherlich von einem „Return on Intercultural Competence" sprechen, der sich sowohl im Außenverhältnis mit externen Interaktionspartnern zeigt, als sich auch im Innenverhältnis der Organisation wertsteigernd bemerkbar macht. Ich komme daher zu dem Schluss, dass interkulturelle Kompetenz eine fundamentale Anforderung und ein kritischer Erfolgsfaktor für effektives und angemessenes Interagieren im internationalen Wettbewerb ist, und dass dessen Stellenwert mit Fortlauf des Globalisierungsprozesses und der fortschreitenden Entwicklungen sogar noch weiter an Wichtigkeit gewinnen wird. „Interkulturelle soziale Kompetenz bildet im Kontext der Globalisierung die Schlüssel-kompetenz für erfolgreiche transnationale Tätigkeit auf allen Gebieten."[84]

Natürlich gilt es letztlich immer abzuwägen, wie relevant dieser Erfolgsfaktor für das einzelne Unternehmen ist. Das kann zum Beispiel von der Anzahl der transnationalen Verbindungen eines Unternehmens abhängen oder aber von dessen weiterer Wachstumsstrategie. Ebenso

---

[83] Vgl. Nefzer, S.: Herausforderung des Weltmarktes, in: Wirtschaft & Weiterbildung, 07/2000, S.17.
[84] Von o.V.: Cross-Culture Communication, (25.05.2004).

werden sich Unternehmen, die ein grundsätzliches Kostenproblem aufgrund ineffizienter Produktionsverfahren haben, mit Sicherheit nicht primär um die kulturelle Kompetenz ihrer Mitarbeiter sorgen.

Basierend auf dem wohl wichtigsten japanischen Managementkonzept „Kaizen", dessen „Philosophie der permanenten Verbesserung aller Bereiche" mittlerweile international angestrebt wird, um dadurch höchst möglichen Wertgewinn zu generieren,[85] sollte die interkulturelle Kompetenz der Mitarbeiter und der gesamten Organisation als zwar schwer greif- und messbarer, aber dennoch entscheidender Erfolgsfaktor nicht unterschätzt und integrativer Bestandteil des Unternehmensmanagements werden. Denn neben Prozess- und Produktverbesserung sind gerade die Einbeziehung aller Mitarbeiter, Führungskräfte und der Geschäftsleitung und deren stete Weiterentwicklung der Schlüssel zum Erfolg.[86]

---

[85] Vgl. Bea, X. /Haas, J.: Strategisches Management, 2001, S.511 ff.
[86] Vgl. FBMA - Stiftung: Kaizen, (12.05.2004).

TEIL III: Anwendungsbereiche interkultureller Kompetenz

Interkulturelle Kompetenz und deren entscheidende Rolle als Wettbewerbsfaktor für international agierende Unternehmen ist damit in Teil II beschrieben. Bevor ich mich dem Teil der Arbeit zuwende, der sich mit dem Erwerb interkultureller Kompetenz durch interkulturelles Training auseinandersetzt, möchte ich in diesem Kapitel aufzeigen, wo sich in der Praxis kulturübergreifende Überschneidungssituationen ergeben und worin sich dabei kulturelle Differenzen vor allem äußern. Ziel ist es, nach all der Theorie die wirkliche Anwendbarkeit in der täglichen Wirtschaft anhand verschiedener praxisrelevanter Aspekte zu veranschaulichen. Denn nur, wenn einem diese praktische Relevanz bewusst ist, sieht man letztlich auch den Nutzen von komplexen und aufwendigen Trainingsmodellen. In Kapitel 1.3 wurden verschiedene interkulturelle Kontaktsituationen erläutert, die hier in interne und externe Kontaktsituationen unterschieden werden.

3.1 Interkulturelle Kompetenz im Außenverhältis der Unternehmung

Externe Kontaktsituationen treten auf, wenn sich Mitarbeiter geschäftlich ins Ausland begeben – ob kurzfristig, beispielsweise für einen Vertragsabschluß oder aber für eine längerfristige Auslandsentsendung. Im weiteren Verlauf der Arbeit wird oftmals von einer längeren Auslandsentsendung als Beispiel interkultureller Überschneidungssituationen ausgegangen, da gerade hier die interkulturelle Kompetenz eine besonders wichtige Rolle spielt, und interkulturelles Training meist als Vorbereitung für „Auslandsprojekte" dient. Mitarbeiter, die auf Projektbasis ins Ausland gehen, werden als Expatriaten bezeichnet. Die richtige Personalauswahl spielt in diesem Zusammenhang eine besonders wichtige Rolle.[1]

3.2 Gezielte Personalauswahl

Untersuchungen über den Misserfolg von Auslandsentsendungen geben Zahlen von bis zu 70% an.[2] Ca. 10% brechen den Auslandsaufenthalt sogar vorzeitig ab, weitere 20-30% geben fehlende Akzeptanz in der fremden Kultur als direkten Grund für das Misslingen der „Mission" an.[3]

---

[1] Vgl: Dülfer, E.: Internationales Management, 2001, S.452 ff.
[2] Vgl. Black, S. / Gregersen, H.: The Right Way to Manage Expats, Harvard Business Review, 04/1999, S.53, in: Chong, L-C.: The Extra-Ordinary Economies of Cross-cultural Management and the Requisite Managerial Competencies, (09.05.2004).
[3] Vgl. Reppert, I.: Chinesischkurs, Kofferpacken, los!, in: Financial Times Deutschland vom 18.10.2002.

Zu besonders hohen Raten kommt es bei Entsendungen in Entwicklungsländer und bei völlig neu herzustellenden internationalen Kontakten. Diese hohe Misserfolgsrate wird in der Regel nicht auf mangelnde Fachkompetenz zurückgeführt, sondern vielmehr auf ungenügende interkulturelle Kompetenz.[4]

Solch ein Abbruch bzw. Misserfolg einer Auslandsentsendung ist mit hohen direkten und indirekten Kosten für das Unternehmen verbunden. Nach Borstoff betragen solche Kosten \$ 55.000 bis zu \$ 250,000, mal ganz abgesehen vom Nichtzustandekommen des Geschäftes, der Belastung der Geschäftsbeziehung und dem Verlust an Image.[5]

Und selbst wenn es nicht zur vorzeitigen Rückkehr kommt, besagen Schätzungen, „dass 30 – 50% der (amerikanischen) Expatriaten, deren durchschnittliches jährliches Entgelt bei \$ 250.000 liegt, von ihren Firmen für uneffektiv oder wenig effektiv eingeschätzt werden.[6]

Die Notwendigkeit, alles nur Mögliche zu unternehmen, um den erfolgreichen Ablauf einer Auslandsentsendung zu planen und die betreffenden Mitarbeiter bestmöglich auf die inter-kulturelle Kontaktsituation vorzubereiten scheint offensichtlich, und dennoch erhalten nur etwa 10-20% aller entsandten Mitarbeiter ein interkulturelles Training als Vorbereitung.[7]

„Interkulturelle Kompetenz wird in den wenigsten Unternehmen (auch weltweit operierenden Konzernen) bei Bewerbungen, Auslandseinsätzen oder bevorstehenden [internationalen] Verhandlungen gezielt und strukturiert geprüft."[8]

Das ist gerade vor der eben verdeutlichten ökonomischen Bedeutung verwunderlich, zumal diese bereits in mehreren Studien belegt wurde.

Auch Herr Dr. Kopp, Mitarbeiter eines deutschen, international ausgerichteten Groß-unternehmens, sieht in der richtigen Personalauswahl für internationale Projekte bzw. Aufgaben einen kritischen Punkt für den Erfolg der Entsendung: „Es ist von enormer Wichtigkeit, für die richtige Aufgabe den richtigen Mitarbeiter zu finden."[9]

---

[4] Vgl. Graf, A.: Interkulturelle Kompetenz als Herausforderung, Personal, 06/2003, S.26.

[5] Vgl. Borstoff, P. / Harris, S. / Field, H. / Chiles, W.: Who Will Go: A Review of Factors Associated with Employee Willingness to Work overseas, Human Resource Planning, Vol. 20, in: Chong, L-C.: The Extra-Ordinary Economies of Cross-cultural Management and the Requisite Managerial Competencies., (09.05.2004).

[6] Von Deller, J.: Interkulturelle Eingungsdiagnostik, zitiert in: Thomas, A.: Psychologie Interkulturellen Handelns, 1996, S.286.

[7] Vgl. Reppert, I.: Chinesischkurs, Kofferpacken, los!, in: Financial Times Deutschland vom 18.10.2002.

[8] Von Baumer, T.: Handbuch Interkulturelle Kompetenz, 2004, S.146.

[9] Von Kopp, W.: persönliches Interview, 16.05.2004.

Die wichtigsten Eigenschaften für internationale Manager sind nach einer Umfrage des englischen Ashridge Institute:

- Strategisches Bewusstsein   71%
- Anpassungsfähigkeit in neuen Situationen   67%
- Sensibilität für unterschiedliche Kulturen   60%
- Fähigkeiten in internationalen Teams zu arbeiten   56% [10]

Es zeigt sich, dass drei der vier wichtigsten Eigenschaften unmittelbar mit interkultureller Kompetenz verknüpft sind. Dennoch zeigt eine Untersuchung von PriceWaterhouse-Coopers aus dem Jahre 2000, dass in 96% der befragten internationalen Unternehmen die fachliche Kompetenz an erster Stelle bei der Entscheidung über die Entsendung in ein anderes Land steht, obwohl diese nur in den seltensten Fällen der Grund für ein Versagen im Ausland ist. [11]

Als viel kritischer hat sich beispielsweise eine unzureichende Empathie und Kommunikationsfähigkeit des Expatriaten oder aber auch die Unfähigkeit der mitgereisten Familie zur Anpassung an die ungewohnte Umwelt erwiesen. [12]

Welche Voraussetzungen ein Mitarbeiter für den Auslandseinsatz mitbringen sollte bzw. welche Mitarbeiter sich für das Erlernen von interkultureller Kompetenz überhaupt eignen folgt in Kapitel 4.3.9, dem Abschnitt über die effektive Auswahl der Trainingsteilnehmer.

3.3   Verhaltensrelevante Unterschiede in den verschiedenen Kulturen

Worin sich kulturelle Unterschiede und Schwierigkeiten mit anderen Nationen besonders deutlich zeigen, sollen die nächsten Seiten verdeutlichen.

Jeder kennt Beispiele wie den förmlichen Austausch von Visitenkarten, genannt meishi, welcher in asiatischen Staaten wichtiger Bestandteil des ausgefeilten Begrüßungsrituals ist, oder wie das meist laute und direkte Auftreten amerikanischer Geschäftspartner. Das sind offensichtliche Differenzen, über die man gerne schmunzelt und dessen man sich bewusst zu sein scheint. Es gibt jedoch eine Vielzahl weniger offensichtlicher kultureller Differenzen, die sich auf die Geschäftsbeziehung weitaus frustrierender auswirken können, weil sie verwirrend sind und unvorhergesehen auftreten. Viele solcher Beispiele aus der Praxis lassen es nahe liegend erscheinen, kulturelle Verhaltensunterschiede nach geographischen Gesichtspunkten zu gliedern. Gerne spricht man in diesem Zusammenhang beispielsweise von der typisch asiatischen oder typisch amerikanischen Kultur.

---

[10] Vgl. Dülfer, E.: Internationales Management, 2001, S.559.
[11] Vgl. PriceWaterhouse, (12.05.2004).
[12] Vgl. Deller, J.: Interkulturelle Eingungsdiagnostik, in: Thomas, A.: Psychologie Interkulturellen Handelns, 1996, S.287.

Dass man von dem Konstrukt einer Welteinheitskultur in nächster Zeit nicht ausgehen kann, sollte bereits im ersten Teil der Arbeit deutlich geworden sein. Ein nahe liegender Gedanke wäre es, die Erde einfach in geografische Gebiete, wie zum Beispiel Kontinente, einzuteilen, um zumindest in diesen Regionen von einer einheitlichen Kultur ausgehen zu können. Doch auch die Annahme, beispielsweise von einer europäischen Einheitskultur auszugehen, die praktisch kaum kulturelle Vorbereitungsmaßnahmen erfordert, erweist sich bei näherer Betrachtung als Illusion.

Die Unternehmensberatung LA Synergie Franco-Allemande (JPB) befragte in einem Fragebogen Manager aus insgesamt 216 deutschen und französischen Mutter- und Tochtergesellschaften und kam zu dem Ergebnis, dass selbst „in einer bereits funktionierenden Partnerschaft [wie der zwischen Frankreich und Deutschland] in Märkten mit hohem Volumen aber auch starker internationaler Konkurrenz [..] auf Dauer nur derjenige bestehen können [wird], der die wenigsten mentalitätsbedingten Reibungsverluste aufzuweisen hat und der es versteht, die unterschiedlichen und komplementären Qualitäten der einzelnen Kulturen in Synergieeffekte umzumünzen".[13]

Auch innerhalb einzelner Staaten kann man nicht von einer einheitlichen kulturellen Basis ausgehen. Seit den 70er Jahren ist Deutschland ein Einwanderungsland, in dem rund sechs Millionen Menschen ausländischer Herkunft oder besser kulturell fremder Herkunft leben.[14] Und selbst unter deutschen Staatsbürgern gibt es zwischen den Bundesländern kulturelle Unterschiede. So wird ein Bayer zumeist anders auftreten als ein Hamburger und auch die Unterschiede zwischen Ost- und West-Deutschland sind im ungleichen Verhalten der Menschen oft noch spürbar.[15] Auch in anderen Nationen existieren regional unterschiedliche Wertemuster, wie beispielsweise zwischen Amerikanern der Nord- und Südstaaten.

Wesentlich sinnvoller erscheint es daher, kulturell heterogene Geschäftspartner nach wirklich verhaltensrelevanten Unterscheidungsmerkmalen zu untergliedern, anstatt nach geographischen Gegebenheiten.

Im Folgenden möchte ich einen groben Überblick darüber geben, anhand welcher Kriterien sich die größten Geschäftspartner sinnvoll in Bezug auf interkulturelle Besonderheiten unterscheiden lassen. Obwohl es mir längst nicht möglich sein wird alle Unterschiede der verschiedenen Gruppierungen geschweige denn einzelner Nationen aufzeigen, sollen die bedeutendsten Besonderheiten wichtiger internationaler Geschäftspartner, in welchen sich kulturelle Differenzen zeigen und Konfliktrisiko darstellen, aufgezeigt werden.

---

[13] Vgl. JPB – La Synergie Franco-Allemade: Studie über deutsch-französisches Management, 1990, in: Geistmann, C.: Erfolg durch interkulturelle Kompetenz, 2003, S.60.

[14] Vgl. Naumann, M.: Editorial des Staatsministers, (01.05.2004).

[15] Vgl. Walther, K.: Das Ende der Monokultur, (01.05.2004).

3.3.1 Abschlußorientiert versus beziehungsorientiert

Nach einschlägiger Expertenmeinung ist dies wohl die größte aller Trennwände zwischen verschiedenen Geschäftskulturen. Während die Geschäftsleute in abschlußorientierten Kulturen sich eher auf die eigentliche Aufgabe, also das Geschäft, konzentrieren, sind die Geschäftsleute in beziehungsorientierten Kulturen vielmehr am Menschen, mit dem es das potentielle Geschäft abzuwickeln gilt, interessiert. Natürlich geht es auch hier letztlich um den geschäftlichen Abschluss, doch kommt dieser eben nur zustande, wenn die Beziehung zwischen den Geschäftspartnern stimmt. Dieser Unterschied beinhaltet großes Konfliktpotential. Viele beziehungsorientierte Typen empfinden abschlußorientierte Typen als aufdringlich, aggressiv und unverblümt. Umgekehrt sehen abschlußorientierte Typen ihre beziehungsorientierten Partner als zögerlich, vage und schwer fassbar.[16]

Abschlussorientierte Kulturen	Zurückhaltend abschlussorientierte Kulturen	Beziehungsorientierte Kulturen
Nord- und Nordwesteuropa Großbritannien Nordamerika Australien und Neuseeland Südafrika	Südeuropa Osteuropa Mittelmeerraum Hong Kong Singapur	Arabische Länder der größte Teil Afrikas Lateinamerika der größte Teil Asiens

Abb.09: Abschlussorientierte versus beziehungsorientierte Kulturen
Quelle: Gesteland, R.: Global Business Behaviour, 2002, S.18.

Zwar gilt generell, je komplexer das Geschäft, desto höher das ‚Involvement' der Beteiligten, doch lassen sich im Allgemeinen klar unterschiedliche Tendenzen zwischen verschiedenen Kulturen feststellen. Die große Trennwand zeigt sich im Einzelnen besonders in den folgenden Bereichen:

• Erste Kontaktaufnahme - direkt oder indirekt

Während es in abschlußorientierten Staaten wie den USA kein Problem ist, Geschäftspartner durch einen so genannten „cold call" ohne vorherige Verabredung zu kontaktieren, muss in beziehungsorientierten Staaten der Kontakt durch vertrauenswürdige Vermittler hergestellt werden, damit man mit seinem Anliegen überhaupt vorsprechen darf. In Chinas Wirtschaft ist der Begriff „guanxi", welcher für nützliche Beziehungen steht, daher das wohl bekannteste und wichtigste Wort der Wirtschaft.[17]

---

[16] Vgl. Gesteland, R.: Global Business Behaviour, 2002, S.17 ff.
[17] ebenda

● **Geschäftliches - zuerst der Abschluss oder zuerst die Beziehung**

In abschlußorientierten Märkten wie Deutschland, Skandinavien oder Australien kommt man meistens schon nach ein paar Minuten „small talk" zum Geschäftlichen – schließlich ist das der Grund des Zusammenkommens. Auf beziehungsorientierten Märkten wäre das eine Unmöglichkeit, ja sogar eine Beleidigung des Geschäftspartners. Hier ist wichtig zunächst das Vertrauen des Gegenübers zu gewinnen. In Asien gilt es, sich zunächst über den gemeinsamen Konsum von Bier und Sake, vorzugsweise in einer Karaoke-Bar, besser kennenzulernen. Das verlangt Zeit und Geduld und meist werden viele Treffen beendet, ohne dass das Geschäftliche überhaupt erwähnt wird.[18]

● **Vertragsgestaltung – Handschlag oder Anwalt**

Beziehungsorientierte Kulturen verlassen sich beim Vermeiden von Schwierigkeiten und Lösen von Problemen auf Beziehungen, während die abschlußorientierten Kulturen das Gleiche in einem schriftlichen Vertrag zu erreichen versuchen. US-Firmen haben beim Vertragsentwurf daher immer einen Anwalt am Tisch sitzen - auf beziehungsorientierten Märkten lässt man den Anwalt besser zu Hause.[19]

● **Sprache – Harmonie oder Klarheit**

In der interkulturellen Kommunikation kommt es oftmals zur Gradwanderung zwischen Harmonie und Klarheit. Während ein holländischer Verhandlungspartner einem seine Meinung relativ unverblümt ins Gesicht sagen wird, ist in anderen Märkten die „Wahrung des Gesichtes" oberste Priorität. Das gleiche Wort kann zudem in verschiedenen Nationen eine unterschiedliche Bedeutung haben.[20]

3.3.2 Informelle versus formelle Kulturen

Probleme können ebenfalls auftreten, wenn informelle Geschäftsleute aus relativ egalitären Kulturen auf eher formelle Geschäftspartner aus hierarchischen Kulturen treffen.

---

[18] Vgl. Gesteland, R.: Global Business Behaviour, 2002, S.17 ff.
[19] ebenda
[20] ebenda

Sehr informelle Kulturen	Gemäßigt informelle Kulturen	Formelle Kulturen
Australien USA	Kanada Neuseeland Dänemark, Norwegen	der größte Teil Europas der Mittelmeerraum Arabische Länder Lateinamerika der größte Teil Asiens

Abb.10: Informelle versus formelle Kulturen
Quelle: Gesteland, R.: Global Business Behaviour, 2002, S.45.

Ein flotter Umgang kann hochrangige Partner aus hierarchischen Gefügen leicht beleidigen, während das Statusbewusstsein formeller Typen den Gleichheitssinn der Informellen verletzen kann.

● **Status, Hierarchie, Macht und Respekt**
Diese Gefahr tritt besonders dann auf, wenn Verhaltensweisen, die Status, Hierarchie, Macht oder Respekt betreffen, zum Tragen kommen. Ein kleines Beispiel hilft, diese Differenzen zu verdeutlichen: Während in Amerika ein Geschäftsmann seinen amerikanischen Verhandlungspartner schon nach einiger Zeit beim Vornamen nennen würde, wird er bei seinem deutschen Verhandlungspartner wahrscheinlich nie auf eine förmliche Anrede mit Titel und Nachnamen verzichten dürfen.

Abweichungen zeigen sich zudem im unterschiedlichen Einsatz von Respekt gegenüber Alter, Geschlecht, Stellung und Bildung der Interaktionspartner. In einigen Staaten ist zum Beispiel Jugend ein Vorteil, in anderen ein Nachteil. Der spezielle Umgang mit Frauen beinhaltet gerade in asiatischen und arabischen Ländern hohes Konfliktpotential. Formelle Kulturen bevorzugen Statusunterschiede und eine Gliederung in steile Hierarchien, informelle Kulturen dagegen eher Statusgleichheit und egalitäre Strukturen. Förmlichkeit und Respekt haben in formellen Kulturen einen besonderen Stellenwert. Als goldene Regel sollte immer gelten, dass man sich in unbekannten Situationen zunächst lieber zu förmlich verhalten sollte, um sich nicht in der anderen Richtung zu irren.[21]

3.3.3 Zeitfixierte versus zeitoffene Kulturen

Während ein Teil der Welt den Terminkalender und die Uhr über alles schätzt, betrachten andere Teile Zeit und Termine weitaus entspannter.

---

[21] Vgl. Gesteland, R.: Global Business Behaviour, 2002, S. 43 ff.

Stark monochrone Kulturen	Relativ monochrone Kulturen	Polychrone Kulturen
Nord- und deutschsprachiges Europa	Australien und Neuseeland	Arabische Länder
Nordamerika	Osteuropa	Afrika
Japan	Südeuropa	Lateinamerika
	Singapur	Süd- und Südostasien
	Hongkong, Taiwan, China	
	Südkorea	

Abb.11: Monochrone versus Polychrone Kulturen
Quelle: Gesteland, R.: Global Business Behaviour, 2002, S.55.

Daraus entstehen Konflikte, wenn zeitfixierte Typen aus monochronen Kulturen ihre zeitoffenen Partner polychroner Kulturen als faul, undiszipliniert und unhöflich ansehen oder aber umgekehrt zeitfixierte Typen von zeitoffenen Typen als arrogante Leuteschinder empfunden werden, die sich von willkürlichen Terminen versklaven lassen.[22]

● **Pünktlichkeit – Selbstverständlichkeit oder Zwang**
In monochronen Kulturen sind Pünktlichkeit und Zuverlässigkeit eng miteinander verknüpft. Zudem ist Pünktlichkeit eine wesentliche Form der Respekterweisung. In polychronen Kulturen werden dagegen Verabredungszeiten etwas „flexibler" gehandhabt.
Während beispielsweise in Neapel eine 45minütige Verspätung gar nichts ist, wäre in Deutschland, der monochronsten aller Kulturen, schon eine 10minütige Verspätung äußerst unerfreulich und spricht für allgemeine Unzuverlässigkeit im Arbeitsalltag. Die uhren-anbetenden und terminversessenen Geschäftskulturen finden sich eher in gemäßigten Breitengraden, wogegen die lockere und flexible Handhabung von Zeit generell in den heißeren Klimazonen vorherrscht. Einige Staaten haben für diese Einstellung sogar eine eigene Begrifflichkeit. In Indonesien etwa bedeutet jam karet „Gummizeit" und steht für flexible, dehnbare Verabredungszeiten und Termine.[23]

● **Tagesordnung - fest oder flexibel**
Abweichungen zeigen sich auch im Tagesablauf oder Meetings. Monochrone Meetings laufen zumeist nach einer vorher vereinbarten Tagesordnung ab, während polychrone Meetings eher ihrer eigenen Logik folgen und nicht so sehr einem fixierten Ablauf.[24]

---

[22] Vgl. Gesteland, R.: Global Business Behaviour, 2002, S. 55 ff.
[23] ebenda
[24] ebenda

● Pläne und Termine

Einige stark polychrone Kulturen haben eine Aversion gegen Termine. Der arabische Ausdruck „inschallah" – Gottes Wille geschehe – zeugt von diesem Glauben. In solchen Kulturen plant man besser etwas Zeit ein, wenn man sich verabredet hat.[25]

Halten Sie hier einen Moment inne. Haben Sie sich gerade selbst dabei erwischt dieses polychrone Verhalten als unzuverlässig und unhöflich zu werten? Ein typisches Beispiel ihrer kulturellen Prägung, das Sie hoffentlich die Relevanz interkulturellen Lernens erkennen lässt. Denn eines darf nicht vergessen werden - während es als unhöflich gilt, in einer monochronen Kultur unpünktlich zu sein, ist es gleichermaßen unhöflich, polychrone Kulturen, welche sich nicht vor dem Gott der Zeit verneigen, bevormunden zu wollen.

3.3.4 Expressive versus reservierte Kulturen

Stark expressive Kulturen	Relativ expressive Kulturen	Förmliche Kulturen
der Mittelmeerraum das romanische Europa Lateinamerika	USA und Kanada Australien und Neuseeland Osteuropa Südasien	Ost und Südostasien Skandinavien, Holland, Großbritannien, deutschsprachiger Raum

Abb.12: Expressive versus förmliche Kulturen
Quelle: Gesteland, R.: Global Business Behaviour, 2002, S.66.

Grundsätzlich gilt es drei Arten der zwischenmenschlichen Kommunikation zu unterscheiden:

- „Verbale Kommunikation, die mit Worten und deren Bedeutung zu tun hat.
- Paraverbale Kommunikation, die unter anderem damit zu tun hat, wie laut wir sprechen, wann wir schweigen und mit der Bedeutung des Dazwischenredens.
- Nonverbale Kommunikation, auch Körpersprache genannt, bedeutet, dass wir für eine Mitteilung überhaupt keine Wörter verwenden."[26]

Während die verbale Kommunikation bereits angesprochen wurde, zeigen sich zwischen expressiven und reservierten Kulturen auch große Unterschiede in der nonverbalen und paraverbalen Kommunikation. Dabei drücken sich expressive Menschen fundamental anders aus als eher reservierte Menschen. Dies kann leicht zu Verwirrungen führen, die oftmals einen schwer zu überwindenden Graben darstellen. So lächeln Thais zum Beispiel nicht ausschließlich als ein Zeichen der Freude, sondern auch bei extremem Zorn – eine offene

---

[25] ebenda
[26] Von Gesteland, R.: Global Business Behaviour, 2002, S.65.

Äußerung des Zorns ließe allerdings jeden Beteiligten das Gesicht verlieren. Wenn man das thailändische Lächeln richtig lesen kann, dann sagt es mehr als tausend Worte. Wenn nicht, dann gibt es tausend Missverständnisse.[27]

• **Unterschiede in der paraverbalen Kommunikation**

Solche Differenzen zeigen sich vor Allem in der Stimmstärke und der Modulation, sowie in der verschiedenen Bedeutung des Schweigens und Dazwischenredens bzw. der Gesprächs-überlappung. Expressive Menschen fühlen sich beispielsweise unwohl, wenn es auch nur mehr als eine Sekunde des Schweigens in einem Gespräch gibt, während die Schwatzhaftigkeit expressiver Menschen wiederum reservierte Menschen irritiert. Auch die Art und Weise des Dazwischenredens kann sowohl als normal, aber auch als störend und unhöflich empfunden werden – je nach kultureller Prägung.[28]

• **Unterschiede in der nonverbalen Kommunikation**

Körpersprache lässt sich in folgende vier Aspekte untergliedern, welche alle potentiell gefährliche Störfaktoren in internationalen Verhandlungen darstellen:
- Proxemisch: das räumliche Verhalten, das Distanzverhalten zwischen Menschen.
- Haptisch: Berührungen.
- Optisch: Blicke, Blickkontakte.
- Kinetisch: Körperbewegungen, Gesten.

Auch diese nonverbalen Aspekte werden in differenten Kulturen unterschiedlich empfunden und können teilweise zu großen Missverständnissen und Unverständnis führen. So kann es schon vorkommen, dass in Indien ein Geschäftspartner den anderen an die Hand nimmt, um ihm dadurch seine Sympathie zu zeigen - mehr aber auch nicht. [29]

Die aufgeführten Unterschiede im interkulturellen Geschäftsgeschehen erzeugen unsichtbare Barrieren im Welthandel, die es zu überwinden gilt. Internationale Geschäftsleute, die solche interkulturellen Regeln schamlos verletzen, riskieren es, ihre Partner vor den Kopf zu stoßen. Zwar ist Irren durchaus menschlich, doch gilt es anzustreben, jeglichen Schaden bestmöglich abzuwenden. Sich so wenig Schnitzer wie möglich zu erlauben, scheint daher als ein vernünftiges Ziel, um sich im internationalen Geschäft positiv vom Wettbewerb abzuheben.[30]

---

[27] Vgl. Deckenbach, K.: Ein Brief aus Bangkok, in: Frankfurter Rundschau vom 14.12.91, S.22.
[28] Vgl. Gesteland, R.: Global Business Behaviour, 2002, S.65 ff.
[29] Vgl. Gesteland, R.: Global Business Behaviour, 2002, S.65 ff.
[30] Vgl. Gesteland, R.: Global Business Behaviour, 2002, S.83.

Bei den in diesem Abschnitt erwähnten nationalen Eigenheiten handelt es sich größtenteils um vermeidbare „Fallen der interkulturellen Interaktion". Für einige reicht es, sich kulturspezifisches Wissen anzueignen, andere Barrieren setzen tatsächliche interkulturelle Kompetenz voraus.

3.4 Keine Sicherheit im interkulturellen Handeln durch grobe Kategorisierung

Abschließend bleibt zu ergänzen, dass man natürlich keine allgemeingültigen Regeln in Bezug auf menschliches Verhalten aufstellen kann – und das ist auch gut so. Wie bereits in Kapital 2.1 mit Hilfe der Kulturpyramide beschrieben, ist die Kultur eines Menschen auch immer von seiner Persönlichkeit geprägt, so dass sich im Rahmen interkultureller Kompetenz keine Gesetzmäßigkeiten erlernen lassen. Dessen muss man sich immer bewusst sein, um der Gefahr der blinden Kategorisierung bzw. Stereotypisierung ohne Rücksicht auf nationale und individuelle Besonderheiten zu entgehen.

Ein einzelner japanischer Partner könnte beispielsweise dazu neigen, das Geschäft ohne große Umstände und in einer sehr direkten Sprache abzuwickeln. Ein brasilianischer Verhandlungspartner könnte wider Erwarten ein Pünktlichkeitsfanatiker sein. Auch werden sich beispielsweise amerikanische Geschäftspartner in ihrem Gebrauch der Ausdruckskraft unterscheiden.[31] Die reinen Kulturtypen existieren nicht. „Dennoch ist in verschiedenen Nationalkulturen der eine oder andere „Typ" eindeutig in der Firmenwelt vorherrschend."[32]

Eine Kategorisierung bietet demnach keine Sicherheit im interkulturellen Handeln. Man kann sich letztlich aber eine Vorstellung davon machen, welche kulturellen Eigenheiten man an bestimmten interkulturellen Kontaktpunkten erwarten kann und muss in der Lage sein, auf abweichendes Verhalten angemessen reagieren zu können. Interkulturelle Kompetenz ist ja nach der vorhergegangenen Definition ohnehin mehr als nur die Anwendung erlernten Wissens - es geht um die Entwicklung interkultureller Sensibilität, auf deren Basis ein ständiger Lernprozess stattfindet.

3.5 Interkulturelle Kompetenz im Innenverhältnis der Unternehmung

Im Zuge der Internationalisierung kommt es nicht nur zunehmend zu Auslandsentsendungen von Mitarbeitern, sondern auch vermehrt zum Empfang ausländischer Mitarbeiter oder Geschäftspartner im eigenen Land. Gerade im Rahmen der immer beliebteren „Job-Rotation" als Weiterbildungsmaßnahme der Belegschaft einer international positionierten

---

[31] Vgl. Gesteland, R.: Global Business Behaviour, 2002, S.8 f.
[32] Von Trompenaars, F.: Handbuch Globales Managen, 1993, S.227.

Unternehmung findet in vielen Unternehmen ein ständiger Austausch internationaler Mitarbeiter statt.[33]

Zwar besagt eine Grundregel, dass sich immer der im fremden Land befindliche Mitarbeiter den dortigen kulturellen Besonderheiten anzupassen hat[34], doch gilt es sich auch auf den Empfang kulturell heterogener Kollegen oder Geschäftspartner vorzubereiten, um einen optimalen Nutzen der Weiterbildungsmaßnahme oder ein optimales Ergebnis der Zusammenarbeit zu erlangen. Solche Treffen gilt es ebenso vorzubereiten wie eine Auslandsentsendung oder eine Geschäftsreise.[35]

Auch kommt es in multikulturell geprägten Unternehmen zusätzlich zu interkultureller Zusammenarbeit innerhalb einer heterogenen Belegschaft. Beschäftigt ein Unternehmen eine große Anzahl kulturell heterogener Mitarbeiter muss sich ein Management mit dieser besonderen Aufgabe auseinandersetzen.[36] Ziel ist es, die kulturelle Vielfalt der Belegschaft gezielt für die Gesamtorganisation zu nutzen.

Wie bereits in Kapital 1.4 angedeutet, lässt sich die kulturelle Kompetenz des individuellen Mitarbeiters von der interkulturellen Kompetenz der gesamten Organisation unterscheiden.

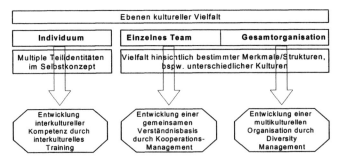

Abb.13:   Ebenen kultureller Vielfalt
Quelle: Eigene Darstellung i.A.a. Stich, M.: Interkulturelle Kompetenz, 2003, S.29.

Zu einem interkulturell kompetenten Unternehmen gehört weitaus mehr als nur die Existenz einzelner interkulturell kompetenter Mitarbeiter. Dem Unternehmen muss es gelingen, die individuellen Kompetenzen seiner Mitarbeiter zu nutzen und zu fördern. Personal- und Unternehmensentwicklung müssen effektiv und effizient miteinander verknüpft werden.[37]

---

[33] Vgl. Dülfer, E.: Internationales Management, 2001, S.532.
[34] Vgl. Gesteland, R.: Global Business Behaviour, 2002, S.14.
[35] Vgl. Kopp, W.: persönliches Interview, 16.05.2004
[36] Vgl. Wagner+Partner: Kriterien für den Erfolg von Diversity Management, (13.06.2004).
[37] Vgl. Reineke, R. / Fussinger, C.: Interkulturelles Management, 2001, S.9.

Das Ziel ist, latentes Wissen und unsichtbare Fähigkeiten aufzudecken, so dass sie von mehreren Unternehmensmitgliedern und schließlich von der gesamten Unternehmung im internationalen Wettbewerb effektiv genutzt werden können.[38] Alle drei Ebenen aus Abbildung 13 erfordern ein angemessenes Management. Während der einzelne Mitarbeiter sowie die Interaktion der gesamten Belegschaft eher unter das Aufgabengebiet des Personalmanagements fällt, muss bei der Entwicklung einer effizienten multikulturellen Organisation jede Abteilung bis hin zum Top-Management eingebunden werden.[39]

Das Management der einzelnen Ebenen muss, wie jede Art von Management, als Prozess verstanden werden, der permanent der sich veränderten Umwelt (externer wie interner Einflussfaktoren) angepasst und verbessert werden muss.[40]

Argyris und Schön sprechen in diesem Zusammenhang vom Prozess des „organisationalen Lernens"[41] - „[...] there is no organizational learning without individual learning, and that individual learning is a necessary but insufficient condition for organizational learning."[42]

Es ist besonders der aus Amerika stammende Begriff des „Diversity Management", der in diesem Zusammenhang Einzug erhalten hat und heute wichtiger Bestandteil vieler großer Unternehmen weltweit ist.

3.6   Diversity Management

Amerikanische Unternehmen mussten sich wohl als erste mit der Thematik der Multikulturalität auseinandersetzen, und so fand das Konzept des „Diversity Management" seit Mitte der 80er-Jahre auch dort seinen Ursprung. Der Begriff des „Melting Pot" und der darin implizierten Erwartung, dass sich alle Einwanderer bald in einen „normalen" Amerikaner verwandeln würden, wurde bald von dem Bild des „Salad Bowl", also der buntgemischten Salatschüssel, abgelöst. Es wuchs die Überzeugung, die Multikulturalität der USA als Wert zu begreifen, Diversity als Chance zu sehen. So endete Bill Clinton's Rede zur Lage der Nation im Jahre 2000 mit den Worten: „Therefore, we should do more than just tolerate our diversity – we should honor it and celebrate it."[43]

---

[38] Vgl. Kirsch, W.: Die Führung von Unternehmen, 2001, S.398-402.
[39] Vgl. Wagner+Partner: Detaillierte Definition von Diversity Management, (13.06.2004).
[40] Vgl. Reineke, R. / Fussinger, C.: Interkulturelles Management, 2001, S.8 ff.
[41] Vgl. Argyris, C. / Schön, D.: Die lernende Organisation, 1999, S.19 ff.
[42] Von Argyris, C. / Schön, D.: Organizational Learning, 1978, S.20, zitiert in: Stich, M.: Interkulturelle Kompetenz, 2003, S.26.
[43] Von Clinton, B.: Rede zur Lage der Nation, 2000, zitiert in: IFIM: Diversity Management – von Amerika lernen?, Presse-Service 2/2000.

Diversity bezeichnet die Heterogenität, Unterschiedlichkeit, Multikulturalität bzw. Vielfältigkeit jeglicher Art in der Belegschaft einer Organisation.[44] Diversity Management geht dabei von einem sehr weit gefassten Kulturbegriff aus[45] - es lassen sich dabei folgende „Diversity-Dimensionen" unterscheiden: Hautfarbe, Nationalität, Alter, Geschlecht, sexuelle Orientierung, ethnische Zugehörigkeit, Religion, Behinderung, Bildung und Fach-kompetenz.[46]

3.6.1 Diversity Management - ein wirklich neuer Ansatz?

Sucht man in der vorhandenen Literatur oder fragt Unternehmen nach dem wirklich Neuen des Diversity Management erhält man wenig detaillierte Antworten als vielmehr zahlreiche wohlklingende Umschreibungen.

Für Offenheit und Toleranz kämpft man in der Wirtschaft schon seit den 70er-Jahren.[47] „Internationales Konfliktmanagement" dient schon lange dazu, interkulturelle Interaktionen zwischen Mitarbeitern oder Verhandlungspartner zu steuern. „Equal Employment Opportunities" (gleiche Beschäftigungsmöglichkeiten) und „Non-discrimination" (diskriminierungsfreie Entfaltung aller Mitarbeiter) waren bereits vor Jahren klar definierte Ziele im Personalmanagement der meisten Unternehmen[48], und in den USA existieren mittlerweile diesbezüglich sogar vom Staat gesetzlich verabschiedete „Aufsichtsbehörden".[49] Es stellt sich also die Frage: Was ist neu an Diversity Management? Viele Kritiker sehen darin lediglich eine neue Begrifflichkeit mit der sich dieser Trend heute einfach besser als bisher verkaufen lässt. All diejenigen, die sich wirklich damit beschäftigen eine Diversity-Politik im Unternehmen einzuführen, wissen jedoch, dass Diversity Management noch einen Schritt weiter geht als alle bisherigen Ansätze.[50]

Das neu entstandene „Diversity Management" beschreibt gezielte Maßnahmen, um eine ‚vielfältige' Mitarbeiterschaft aufzubauen, also bewusst auf Diversity zu setzen. Es geht damit nicht mehr nur um die Abwehr von Schaden durch interkulturelle Konflikte, sondern um die Realisierung von Möglichkeiten.[51]

---

[44] Vgl. Bong, H-D.: Ausbildung in der Migrationsgesellschaft, (15.03.2004).
[45] Vgl. Wagner+Partner: Detaillierte Definition von Diversity Management, (13.06.2004).
[46] Vgl. Ivanova, F. / Hauke, C.: Managing Diversity, Personal, 07/2003, S.12.
[47] Vgl. Walther, K.: Das Ende der Monokultur, (01.05.2004).
[48] Vgl. IFIM: Diversity Management – von Amerika lernen?, Presse-Service 2/2000.
[49] Vgl. Nefzer, S.: Herausforderung des Weltmarktes, in: Wirtschaft & Weiterbildung, 07/2000, S.15.
[50] Vgl. IFIM: Diversity Management – von Amerika lernen?, Presse-Service 2/2000.
[51] Vgl. Walther, K.: Das Ende der Monokultur, (01.05.2004).

„Diversity bedeutet Vielfalt und Vielfalt braucht Individualität"[52] - die bewusste Förderung der individuellen Verschiedenheit und die Schaffung einer offenen Unternehmenskultur sind wichtige Ziele des Diversity Management. „Gleiche Chancen für Alle" heißt die oberste Priorität. Diversity Management ist dabei kein Sozialthema, das aus reinster Nächstenliebe aufkommt. Es geht um den wachsenden Profit - das ist schließlich Sinn und Zweck eines Unternehmens. Effektives Diversity Management verspricht klare ökonomische Vorteile und will den Wettbewerbsfaktor Vielfalt gezielt zur Steigerung des Unternehmenserfolges nutzen.[53]

Um die Vielfalt der Belegschaft nutzen zu können, bedarf es eines veränderten Verständnisses von Organisations-, Führungs- und Entscheidungsprinzipien hin zu einer diversitäts-freundlichen Kultur. Auch Hans Jablonski, Diversity Manager der Ford-Werke AG, hat erkannt, „Diversity verlangt eine innere Überzeugung"[54] – und das auf allen Ebenen der Organisation.

Gerade in den Anfängen handelt es sich beim Diversity Management um eine klassische Top-Down-Methode, was bedeutet, dass die Spitze des Top-Managements und das mittlere Management den Gesamtansatz unterstützen und fördern müssen.[55]

Je vielfältiger eine Belegschaft, desto komplexer wird sie – und desto schwieriger ist sie zu führen. Konflikte, Sabotagehaltungen und gestörte interne Kommunikation sind Risiken, die einem während des langwierigen und schwierigen Transformationsprozesses begegnen. Hat man es aber erst einmal geschafft lohnt sich das Ergebnis – aus sozialer, wie auch aus ökonomischer Sicht.[56]

Gerade Unternehmen mit internationalem Kundenstamm und kulturell heterogenen Mitarbeitern haben schnell die Notwendigkeit erkannt, das neu entdeckte Potential zu nutzen. Aufgrund der demographischen Entwicklung können es sich viele Unternehmen nicht mehr erlauben, bei der Personalauswahl bestimmte Gruppen auszugrenzen. Unternehmen wollen attraktiver Arbeitgeber für qualifizierte Arbeitnehmer aller Nationen sein. Diversity Management will auch die Motivation und Zufriedenheit der Angestellten steigern und damit höhere Arbeitsproduktivität erreichen. Kreativität und Flexibilität durch Ungleichheit sollen das Unternehmen im internationalen Wettbewerb stärken. Nicht zuletzt erhofft man sich von

---

[52] Vgl. Ford Diversity Broschüre: Ford-Werke AG: Diversity – Vielfalt als Stärke, 2002, S.4.
[53] Vgl. Obermeier, B.: Diversity Managament, (27.04.2004).
[54] Von Jablonski, H. (Diversity Manager, Ford-Werke AG): FordDiversity – Diversity als Stärke, 01.12.2003.
[55] Vgl. Wagner+Partner: Detaillierte Definition von Diversity Management, (13.06.2004).
[56] Vgl. Leitl, M.: Was ist Diversity Management, (27.04.2004).

einer vielfältigen Belegschaft, dass diese besser auf die Bedürfnisse und Wünsche einer internationalen und kulturell heterogenen Kundschaft eingehen kann.[57]

Ende der 90er-Jahre praktizierten in Amerika bereits mehr als 75% der Fortune 500-Unternehmen „Diversity Management". [58] Die ultimative Umsetzung scheint es dabei nicht zu geben – Diverstiy Management sollte immer auf die Besonderheiten des jeweiligen Unternehmens zugeschnitten sein.[59] Amerikanische Rating-Agenturen beachten Diversity Management sogar inzwischen bei ihren Anlageempfehlungen.[60] In vielen anderen Staaten dieser Welt ist die Vielfalt der Arbeitnehmerschaft nicht mit den USA vergleichbar, und Minderheiten wirken vergleichsweise wenig Druck auf Unternehmen aus, so dass dort auch keine zwingende Notwendigkeit zu bestehen scheint, Diversity Management zu betreiben.

3.6.2 Diversity Management in Deutschland

In Deutschland steht Diversity Management noch am Anfang, und dennoch finden sich auch in vielen deutschen Geschäftsberichten bereits „Diversity Statements". Einige fortschrittliche Großunternehmen wie Ford, Siemens, Bayer, Deutsche Bank oder Lufthansa haben bereits spezielle Diversity Abteilungen eingerichtet.[61]
In Deutschland beschäftigen sich diese Abteilungen bezüglich der Thematik „Diversity" heute zumeist mit der Integration von Frauen, Behinderten, Schwulen und Lesben oder türkischen Mitbürgern.[62]

Laut einer Umfrage der Deutschen Gesellschaft für Personalführung GmbH (DGFP), die 78 international tätige Unternehmen in Deutschland mit mehr als 2000 beschäftigten Mitarbeitern befragte, wurden folgende Gründe für den Start einer Diversity-Initiative genannt: 76% der Befragten sehen die Globalisierung und Internationalisierung der Märkte als den herausragenden Grund für eine Diversity-orientierte Personalpolitik. 68% sehen die demographische Entwicklung und den damit verbundenen Mangel an kompetenten Fachkräften als wichtigsten Grund. Auf dieser Entwicklung aufbauend sehen 51% die

---

[57] Vgl. Obermeier, B.: Diversity Managament, (27.04.2004).
[58] Vgl. Walther, K.: Das Ende der Monokultur, (01.05.2004).
[59] Vgl. Wagner+Partner: Detaillierte Definition von Diversity Management, (13.06.2004).
[60] Vgl. Leitl, M.: Was ist Diversity Management, (27.04.2004).
[61] Vgl. Obermeier, B.: Diversity Managament, (27.04.2004).
[62] Vgl. IFIM: Diversity Management – von Amerika lernen?, Presse-Service 2/2000.

Veränderung der Beschäftigungsstruktur hinsichtlich Alter, Geschlecht, Nationalitäten, etc. als Anstoß für ein Diversity Management.[63]

Folgende Grafik zeigt die Auswertung der Antworten auf die Frage nach dem primären Nutzen von Diversity Management:

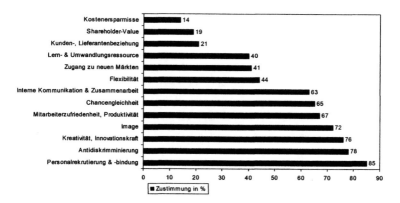

Abb.14:   Chancen und Vorteile von Managing Diversity
Quelle: Ivanova,F./Hauke,C.: Managing Diversity, Personal, 06/2003, S.12.

Mit 85 % werden Personalbindung und Personalrekrutierung als wichtigster Nutzen einer Diversity-Politik gesehen. Die befragten Personalmanager sehen durch Diversity Management eine höhere Chance, qualifiziertes Fachpersonal einstellen und durch diskriminierungsfreies Verhalten im Unternehmen besser halten zu können. Eine wachsende Innovationskraft, verbessertes Unternehmensimage und erhöhte Mitarbeiterzufriedenheit werden als weitere Vorteile genannt. 41% der Befragten erhoffen sich zudem die Erschließung neuer Märkte und Kundengruppen.

Beachtlich erscheint die mit nur 14% recht niedrige Bewertung der Kostenersparnis als mögliche positive Auswirkung eines Diversity Managements.[64] Die Umsetzung von numerisch schwer fass- und messbaren Ansätzen benötigt gerade in Anbetracht des Kapitalbedarfs eine gewisse Risiko- und Verantwortungsübernahme,[65] was in wirtschaftlich schwierigen Zeiten wie dieser besonders hemmend für die Einführung oder den Ausbau neuartiger Ansätze ist.[66]

---

[63] Vgl. DGFP-Umfrage, in: Managing Diversity, Personal, 07/2003, S.12 f.
[64] Vgl. Ivanova, F. / Hauke, C.: Managing Diversity, Personal, 07/2003, S.12 f.
[65] Vgl. Reineke, R. / Fussinger, C.: Interkulturelles Management, 2001, S.5-7.
[66] Vgl. Kirsch, W.: Die Führung von Unternehmen, 2001, S.35.

An dieser Stelle sei noch einmal darauf hingewiesen, dass neben der Schaffung von zufriedenstellenden Arbeitsbedingungen besonders auch der ökonomische Nutzen Ziel kultureller Kompetenz bzw. eines Diversity Management ist, was häufig in Vergessenheit zu geraten scheint. [67]

3.6.3   Diversity Management - Interkulturelles Management - Cross Cultural Management

In der Literatur tauchen in diesem Zusammenhang oftmals weitere Begrifflichkeiten wie "Cross Cultural Management" oder „Interkulturelles Management" auf.

Obwohl die Definitionen oftmals keine klare Abgrenzung zulassen und die Begriffe synonym verwendet werden, sind Interkulturelles Management und Cross-Cultural Management dem Diversity Management übergeordnet. Während sich Diversity Management hauptsächlich mit der heterogenen Belegschaft innerhalb einer Unternehmung befasst, gehen Interkulturelles Management und Cross-Cultural Management über diese interne Ebene hinaus.[68]

Das Wort „inter" in der Begrifflichkeit des Interkulturellen Managements impliziert, dass es um die Betrachtung der Verbindung zwischen grenzüberschreitenden Kontakten und Beziehungen geht, also beispielsweise um die Interaktionskultur. Cross-Cultural Management vergleicht dagegen eher bestimmte Phänomene in verschiedenen Kulturen und generiert so eher komparative Aussagen.[69]

Wie dieser Teil der Arbeit zeigt, findet sich die Rolle der interkulturellen Kompetenz sowohl im Innen- wie im Außenverhältnis der Unternehmung und geht damit über ein auf interne Belange reduziertes Diversity-Management hinaus. Im weiteren Verlauf der Arbeit verwende ich daher den übergreifenden Begriff des „Interkulturellen Managements", wenn es um die allgemeine interkulturelle Kompetenz der Unternehmung und seiner Mitarbeiter geht.

3.7   Interkulturelles Management von Morgen

Die Wichtigkeit interkultureller Kompetenz einzelner Mitarbeiter und eines interkulturellen Managements für die gesamte Organisation ist speziell in den USA, mittlerweile aber auch durchaus dem Großteil der deutschen Unternehmen, bekannt.

Das zeigen sowohl die Umfrage der Deutschen Gesellschaft für Personalführung GmbH (DGFP) und verschiedene Literaturangaben, als auch meine persönlichen Erfahrungen bei der

---

[67] Vgl. IFIM: Was ist „interkulturelles Training"?, (04.05.2004).
[68] Vgl. Rothlauf, J.: Interkulturelles Management, 1999, S.8 f.
[69] Vgl. Rothlauf, J.: Interkulturelles Management, 1999, S.8 f.

Kontaktaufnahme mit deutschen, weltweit agierenden Unternehmen im Rahmen dieser Arbeit. Ford, Siemens, Linde, DaimlerChrysler, Bayer und Nestlé sind nur einige der Unternehmen, die mir sehr positives Feedback bezüglich der Relevanz von Diversity bzw. Interkulturellem Management in dem jeweiligen Unternehmen gegeben haben, auch wenn es teilweise noch an konkreten Gestaltungs- und Implementierungsmaßnahmen mangelt.

Auch eine Studie des Institutes für Interkulturelles Management (IFIM) zeigt, dass der Sinn eines interkulturellen Trainings für Personal und Führungskräfte zwar keinesfalls angezweifelt wird, es aber selten zu konkreten Umsetzungsmaßnahmen kommt.[70]

Trotz der Relevanz der Thematik tritt sie in der Top-Management-Ebene meist erst auf, „wenn substantielle Probleme auftreten und die Kosten der Vernachlässigung kultureller Faktoren damit offensichtlich werden."[71] Für dieses deterministische Verhalten gibt es vor allem drei Thesen:

1. Treten zum Beispiel bei internationalen Fusionen überraschend Schwierigkeiten auf, wird der Kulturbegriff als Residualgröße für Probleme und Konflikte aller Art missbraucht. Kulturelle Unvereinbarkeit wird als Rechtfertigung genutzt, um gezielte Schuldzuweisungen abzublocken, da präzise ex-ante Informationen bezüglich eventueller interkultureller Probleme und deren Einfluss nicht vorliegen können. Dieses „Schlupfloch" der Verteidigung wollen sich viele Mitarbeiter und Führungskräfte nicht von vornherein nehmen lassen.

2. Oftmals wird im interkulturellen Management nur der Verhaltens- und Kommunikationsaspekt gesehen. Ein übertriebenes Harmoniebedürfnis drängt dabei den eigentlichen, zielgerichteten ökonomischen Nutzen in den Hintergrund – dabei ist es gerade dieser Aspekt, der für Unternehmen besonders relevant und interessant ist.

3. Zwar ist die Relevanz einer interkulturellen Orientierung durchaus vorhanden, doch reicht dieses „Global Mindset" noch nicht aus, um eine konsequente und engagierte Neuausrichtung der Unternehmenskultur, Personalpolitik sowie der Managementsysteme zu erreichen. Veränderungsprozesse sind immer mit einer großen Verantwortung und einem gewissen Risiko behaftet und benötigen einen innovativen Anstoß.[72]

---

[70] Vgl. Nefzer, S.: Herausforderung des Weltmarktes, in: Wirtschaft & Weiterbildung, 07/2000, S.14.

[71] Von Reineke, R. / Fussinger, C.: Interkulturelles Management, 2001, S.5.

[72] Vgl. Reineke, R. / Fussinger, C.: Interkulturelles Management, 2001, S. 5-7.

Wollen Unternehmen heute und in Zukunft von der Globalisierung und der kulturellen Vielfalt profitieren, müssen solche überwiegend mentalen Barrieren überwunden werden. Ein Paradigmenwechseln muss stattfinden und das in den Köpfen aller Betroffenen - vom einzelnen Mitarbeiter der im multikulturellen Team arbeitet bis zum „Diversity Manager", der gezielt die Vielfalt in der gesamte Belegschaft koordiniert.[73]

Angesichts der fortschreitenden Globalisierung und Professionalisierung von internationalen Aktivitäten jeglicher Art gilt es, im interkulturellen Management zukünftig ständig neue Ziele zu setzen, um eben in dieser Entwicklung auch weiterhin alle internationalen Erfolgspotentiale bestmöglich ausschöpfen zu können. Folgende Graphik von Reineke und Fussinger weist entscheidende Entwicklungsschritte im internationalen Management auf:

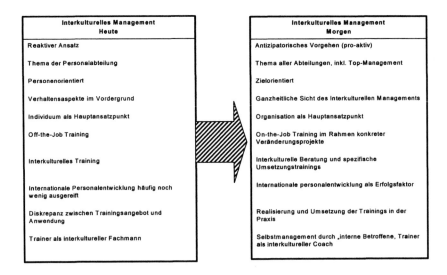

Interkulturelles Management Heute	Interkulturelles Management Morgen
Reaktiver Ansatz	Antizipatorisches Vorgehen (pro-aktiv)
Thema der Personalabteilung	Thema aller Abteilungen, inkl. Top-Management
Personenorientiert	Zielorientiert
Verhaltensaspekte im Vordergrund	Ganzheitliche Sicht des Interkulturellen Managements
Individuum als Hauptansatzpunkt	Organisation als Hauptansatzpunkt
Off-the-Job Training	On-the-Job Training im Rahmen konkreter Veränderungsprojekte
Interkulturelles Training	Interkulturelle Beratung und spezifische Umsetzungstrainings
Internationale Personalentwicklung häufig noch wenig ausgereift	Internationale personalentwicklung als Erfolgsfaktor
Diskrepanz zwischen Trainingsangebot und Anwendung	Realisierung und Umsetzung der Trainings in der Praxis
Trainer als interkultureller Fachmann	Selbstmanagement durch „interne Betroffene, Trainer als interkureller Coach

Abb.15: Entwicklungslinien im interkulturellen Management
Quelle: Reineke, R. / Fussinger, C.: Interkulturelles Management, 2001, S.7.

Die aufgeführten Entwicklungslinien sind in der Theorie sicherlich erstrebenswerte Ziele. Nach meinem Erkenntnisstand aber können sich Unternehmen auf dem Gebiet interkulturellen Managements bereits als sehr fortschrittlich bezeichnen, wenn sie die aufgeführten Punkte des interkulturellen Managements von „Heute" erfüllen. Damit wäre eine gute Basis geschaffen, auf der auch in Zukunft Dank kultureller Kompetenz die Chancen kultureller Vielfalt effektiv genutzt werden können.

---

[73] Vgl. Wagner+Partner: Detaillierte Definition von Diversity Management, (13.06.2004).

Interkulturelles Management wurde hiermit in seiner übergeordneten Rolle beschrieben. In welcher Art und Weise es in einer Unternehmung auch eingeführt wird, hat es doch immer Eines gemeinsam: Die interkulturelle Kompetenz aller Beteiligten ist dabei Grundvoraussetzung für eine interkulturelle Organisationsentwicklung.[74] Diese Basis zu schaffen sehe ich als die aktuell wichtigste Aufgabe der Unternehmen. Daher beschäftigt sich der folgende Teil der Arbeit mit dem interkulturellen Lernen einzelner Mitarbeiter, bevor es in Teil V darum geht, das Erlernte zu halten, zu nutzen und zu fördern und so die interkulturelle Kompetenz der gesamten Organisation zu stärken.

---

[74] Vgl. Nefzer, S.: Herausforderung des Weltmarktes, in: Wirtschaft & Weiterbildung, 07/2000, S.18.

Teil IV: Durch Training interkulturelle Kompetenz erlangen

4.1   Vorsicht vor der „Fettnäpfchen-Philosophie"

Bevor es darum geht aufzuzeigen, wie interkulturelle Kompetenz erlangt bzw. vermittelt werden kann, folgt hier zunächst noch einmal eine Erinnerung daran, was darunter nicht zu verstehen ist.

Wie bereits in Kapital 2.6.2 beschrieben, geht interkulturelle Kompetenz über das Kennen von so genannten „Fettnäpfchen" hinaus. Da eine Vielzahl der angebotenen Seminare aber eben diese „Fettnäpfchen-Philosophie" verfolgt, sei hier noch einmal auf deren Gefahren hingewiesen. Viele Teilnehmer interkultureller Trainings- und Workshops glauben, einfache Rezepte oder Listen der „Do's und Taboo's" würden ihnen interkulturelle Kompetenz verleihen. Das Rezeptwissen darüber, welche Fettnäpfchen es in einer fremden Kultur zu vermeiden gilt, führt jedoch noch lange nicht zu interkultureller Kompetenz. Es täuscht vielmehr eine Sicherheit vor, die es nicht geben kann, bewahrt aber keinesfalls vor fatalen Fehltritten. Die ausschließlich kognitive Herangehensweise der „Fettnäpfchen-Philosophie" bereitet in keiner Weise auf die emotionale Beanspruchung und Herausforderung vor, die im internationalen Kontext besteht.[1] Der Erwerb interkultureller Kompetenz greift weitaus tiefer und bedarf eines langwierigen organisierten Lernprozesses.[2]

4.2   Organisierter stufenweiser Lernprozess

Interkulturelle Kompetenz ist nicht selbstverständlich gegeben. Im Gegenteil, im Laufe seiner Entwicklung bilden Menschen unbewusst einen natürlichen Ethnozentrismus,[3] also genau das, was interkulturelles Training zu vermeiden versucht.

Interkulturelle Kompetenz lässt sich aber erlernen. Das folgende Entwicklungsmodell von Bennett verdeutlicht den Prozesscharakter im Erwerb interkultureller Kompetenz. Die sechs Phasen spiegeln dabei die Einstellung des Lernenden gegenüber kulturellen Differenzen wieder:

---

[1] Vgl. Palumbo, E.: Interkulturelle Kompetenz, in: Politische Studien, Heft 383, 05/2002, S.74 f.

[2] Vgl. Roth, J.: Interkulturelle Kommunikation als universitäres Lehrfach, in: Roth, K.: Mit der Differenz leben, 1996, S.253-257.

[3] Vgl. Rothlauf, J.: Interkulturelles Management, 1999, S.41.

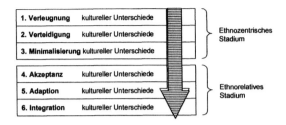

Abb.16: Entwicklungsmodell interkultureller Sensibilität

Quelle: Bennett, M.J.: Towards Ethnorelativism, in: Stich, M.: interkulturelle Kompetenz, 2003, S.36.

Im ersten Schritt erkennt und akzeptiert der Lernende lediglich die generelle Kulturgebundenheit des menschlichen Verhaltens. Im zweiten Schritt identifiziert er seine eigenen Kulturstandards und verteidigt diese gegenüber fremden Kulturen. Auf dieser Ebene dürften sich wohl die meisten Menschen befinden, die sich nicht weiter mit kultureller Heterogenität auseinander setzen. Im dritten Schritt nimmt der Lernende fremde Kultur-standards wahr und entwickelt die Fähigkeit, diese in kulturspezifischen Sinnes-zusammenhängen zu deuten. Im vierten Schritt gelangt der Lernende schließlich in das ethnorelative Stadium und beginnt kulturelle Differenzen zu akzeptieren und interkulturelle Problemlösungsstrategien zu entwickeln. Schritt fünf und sechs sind weiterführende Sensibilisierungsstufen der interkulturellen Kompetenz bis hin zur multikulturellen Persönlichkeit.[4]

Der interkulturell Lernende muss sich darüber bewusst sein, dass er einen Prozess durchläuft, der von der Veränderung seines Selbstkonzeptes und idealerweise durch Persönlichkeits-wachstum gekennzeichnet ist – diese Selbstreflexion ist notwendig für das erfolgreiche Durchlaufen des Lernprozesses.[5]

4.2.1   Grenzen interkultureller Kompetenz

Betrachtet man das Entwicklungsmodell des interkulturellen Lernprozesses, stellt sich die Frage, ab wann denn nun ein Mensch als interkulturell kompetent gilt. Die Frage kann letztlich nicht objektiv beantwortet werden, da Kompetenz immer situations- und beziehungsspezifisch ist. Ziel muss nicht immer die 6. Stufe des Modells sein, also eine multikulturelle Persönlichkeit zu erlangen. Diese Stufe birgt sogar gewisse Gefahren. Die uneingeschränkte kulturelle Anpassungsfähigkeit multikultureller Persönlichkeiten kann

---

[4] Vgl. Bennett, M.J.: Towards Ethnorelativism, in: Stich, M.: Interkulturelle Kompetenz, 2003, S.36 f.

[5] Vgl. Stich, M.: Interkulturelle Kompetenz, 2003, S.37.

leicht zu Verwirrung des Gegenübers führen, der ja einen fremdkulturellen Repräsentanten erwartet. Des Weiteren geht durch die perfekte Anpassung das so viel gerühmte Kreativitäts- und Synergiepotential multikultureller Zusammenarbeit verloren. Im ungünstigsten Fall hat die multi-kulturelle Persönlichkeit zwar verschiedene Bezugsrahmen in ihrer Persönlichkeit internalisiert, nicht jedoch integriert. Das kann zu starken internen Spannungen führen. Die Person kann durch die multiplen Persönlichkeiten leiden und erscheint in ihrem Umfeld als nicht authentisch und unglaubwürdig. Wer das ethnorelative Stadium erreicht hat, ist bereits in der Lage, effektiv und angemessen interkulturell zu kooperieren. Mit der Überwindung des individuellen, natürlichen Ethnozentrismus ist der erste große Schritt in Richtung interkultureller Kompetenz getan.[6]

"There is no other solution to bridging the gap than increasing awareness..."[7]

Wie dieses ethnorelative Stadium durch gezieltes interkulturelles Training erlangt werden kann, zeigen die folgenden Kapitel.

4.3 Interkulturelles Training

Das in Amerika entsprungene Forschungsfeld des „Interkulturellen Trainings" ist noch relativ jung und wenig gefestigt. Theorien, die im Laufe der 80er Jahre entwickelt wurden, entstammen den Forschungsdisziplinen der Linguistik, Soziologie, Psychologie und den Wirtschaftswissenschaften – demzufolge vielfältig sind auch die Ansprüche, die an das Gebiet gestellt werden.[8]

Während sich interkulturelles Training in den Anfängen meist auf die kognitive Wissensvermittlung beschränkte, entstanden nach und nach Konzepte, die zunehmend den affektiven Aspekt des interkulturellen Lernens berücksichtigten.[9]

Sicher ist es auch für unvorbereitete Mitarbeiter - mit der notwendige Offenheit und Lernbereitschaft - durchaus möglich, sich über kurz oder lang die „Spielregeln" der fremden Kultur eigenständig zu erschließen und in einer fremden Kultur auch ohne vorhergehendes Training gut klar zu kommen. Doch hilft interkulturelles Training, sich schneller einzugewöhnen und einzuarbeiten und anfängliche Fehler zu vermeiden. Die Vermittlung des benötigten Wissens im vornhinein ist weitaus effizienter, als wenn sich der weltoffene

---

[6] Vgl. Stich, M.: Interkulturelle Kompetenz, 2003, S.42 f.

[7] Von Hofstede, G.: Cultural Differences in Teaching and Learning, in: International Journal of Intercultural Relations, Vol.10, S.301, zitiert in: Kainzbauer, A.: Kultur im interkulturellen Training, 2002, S.222.

[8] Vgl. Kainzbauer, A.: Kultur im interkulturellen Training, 2002, S.12 f.

[9] Vgl. Palumbo, E.: Interkulturelle Kompetenz, in: Politische Studien, Heft 383, 05/2002, S.72 f.

Mitarbeiter dieses Wissen in seiner teuren Arbeitszeit im Ausland mühsam selbst zusammensucht.[10]

4.3.1 Trainingsziele

Interkulturelles Management und damit auch das interkulturelle Training ist kein Selbstzweck – die klare Zielorientierung hat Priorität. Es darf nicht vergessen werden, dass es neben dem Wohlbefinden des entsandten Mitarbeiters letztlich vor allem auch um den erfolgreichen Abschluss der angestrebten Kooperation geht. Das Ziel des interkulturellen Trainings muss im Hinblick auf das Unternehmensziel der jeweiligen Handlungsaktivität abgestimmt sein.[11]
Eine Garantie für erfolgreiches Wirtschaften bzw. Handeln lässt sich nie geben. Gerade im internationalen Kontext gibt es zahlreiche unabwägbare Einflussfaktoren. Es gilt jedoch die besten Vorraussetzungen für das positive Gelingen der interkulturellen Aufgabe zu schaffen und dazu dienen unter anderem interkulturelle Trainings, die spezifisch auf die Anforderungen abgestimmt sind. So gibt es beispielsweise Trainings mit dem Ziel der generellen Sensibilisierung für die Thematik oder aber der gezielten Vermittlung kultureller Besonderheiten einer einzelnen Nation.

Unter Berücksichtigung kognitiver und affektiver Aspekte sind interkulturelle Trainings generell auf eine Kombination von Wirkungen ausgerichtet - „ das nötige Wissen sowie eine positive Einstellung sollten auch mit der Fähigkeit verbunden sein, dies durch entsprechendes Verhalten auszudrücken und in der Praxis umzusetzen."[12]
Hierin finden sich die drei Komponenten interkultureller Kompetenz aus Kapitel 2.6.2 wieder – Wissen, Motivation und Fähigkeiten.
Ziel ist die bewusste Verhaltenssensibilisierung, in der die Fähigkeit zum Ausdruck kommt, Gründe und Ursachen andersartigen Verhaltens zu erkennen, verstehen und interpretieren zu können. Es gilt ein Bewusstsein dafür zu schaffen, fremdartige Erlebnisse konstruktiv reflektieren zu können und Neues nicht als Bedrohung, sondern als Chance für die persönliche Weiterentwicklung sehen zu können. Mit dem notwendigen Wissen über die andersartige Kultur lassen sich schließlich Konflikte vermeiden und Synergieeffekte erzielen.
Thomas und Hageman fassen zusammen, dass es um die Erlangung der „[…] Befähigung zur konstruktiven Anpassung, zum sachgerechten Entscheiden und zum effektiven Handeln unter fremdkulturellen Bedingungen" geht.[13]

---

[10] Vgl, IFIM: Scheitern Unvorbereitete?, Presse Service 1/2003.
[11] Vgl. Reineke, R-D. / Fussinger, C.: Interkulturelles Management, 2001, S.6 ff.
[12] Von Kainzbauer, A.: Kultur im interkulturellen Training, 2002, S.17.
[13] Vgl. Thomas, A. / Hagemann, K.: Training interkultureller Kompetenz, in: Bergemann N. /

Wie zu Beginn dieser Arbeit aufgezeigt, sind Kulturen äußerst komplex - es ist nicht möglich, sich verschiedene Kulturstandards durch Training vollständig anzueignen. „Gut geplantes interkulturelles Training kann [aber] die relevanten Grundkonzepte einer fremden Kultur soweit vermitteln, dass Teilnehmer am Anfang der interkulturellen Kooperation keine schweren Fehler begehen und gelernt haben, wie sie effizient weiterlernen können."[14] Daher sollte sich das Trainingsziel immer auch auf die Lernfähigkeit der Teilnehmer in ungewissen Situationen konzentrieren. Dem Teilnehmer sollten sozusagen Werkzeuge für effektives Selbstlernen mitgegeben werden.[15]

„Andere Kulturen sind fremd, ungewohnt und oft sogar schockierend. Es ist unvermeidlich, dass man im Umgang mit ihnen Fehler macht und sich häufig ratlos und verwirrt fühlt. Die [..] Frage ist, wie ernsthaft man bemüht ist, aus Fehlern zu lernen [...]".[16]

4.3.2 Kognitive, affektive und verhaltensbezogene Auswirkungen inter-kulturellen Trainings

In Bezug auf die drei Dimensionen liefern Landis und Bhagat eine detaillierte Aufstellung der durch interkulturelle Trainings intendierten Veränderungen mit den jeweils zugeordneten Trainingszielen:

• Veränderung im Denken (kognitive Veränderungen)
  1. Besseres Verständnis der Gastkultur aus deren eigener Sicht
  2. Verminderter Gebrauch von Stereotypen in der Einschätzung der Gastkultur
  3. Entwicklung von komplexen statt vereinfachten Ansichten über die Gastkultur, Vergrößerung des Wissens über andere Kulturen
  4. In längerfristigen Trainingsprogrammen eine Internationalisierung der eigenen Einstellung, Entwicklung und Weltoffenheit

• Veränderung in den emotionalen Reaktionen (affektive Veränderungen)
  5. Größere Freude und weniger Anspannung im Umgang mit anderen Kulturen
  6. Steigerung der eigenen Zufriedenheit über die Interaktion mit der Gastkultur
  7. Offenheit und Toleranz gegenüber fremden Kulturen

Sourisseaux, A.L.J.: Interkulturelles Management, 1992, S.174, in: Kainzbauer, A.: Kultur im interkulturellen Training, 2002, S. 14f.
[14] Vgl. IFIM: Lässt sich eine Kultur überhaupt durch Training vermitteln?, (13.05.2004)
[15] Vgl. Stüdlein, Y.: Management von Kulturunterschieden, 1997, S.323.
[16] Von Trompenaars, F.: Handbuch Globales Managen, 1993, S.251.

- Veränderungen im Verhalten (verhaltensbezogene Veränderungen)

8. Verbesserte interpersonale Beziehung am (interkulturell zusammengesetzten) Arbeitsplatz

9. Besseres Anpassung an alltägliche Stresssituationen in anderen Kulturen und bessere berufliche Leistung

10. Erleichterter Umgang mit der Gastkultur (aus Sicht der dortigen Einheimischen)

11. Unterstützung der Einheimischen bei der Erreichung ihrer eigenen Ziele durch verbesserte interpersonale Beziehungen mit den Einheimischen [17]

4.3.3 Trainingstypen / Trainingsinhalt

Die folgenden Ausführungen geben einen Überblick über die verschiedenen Trainingstypen. Nach Bolton lassen sich grundsätzlich vier Typen interkulturellen Trainings unterscheiden, die anhand zweier Merkmale typologisiert werden können:

> Informativ versus interaktionsorientiert
> Kulturübergreifend versus kulturspezifisch[18]

In der Literatur werden diese Typen oftmals auch als „didaktisch versus erfahrungsbasiert" und „kulturgenerell versus kulturspeziell" bezeichnet.[19] Inhaltlich verhalten sich die Bezeichnungen synonym.

Kulturübergreifend Informatorisch	Kulturübergreifend Interaktionsorientiert
Kulturspezifisch Informatorisch	Kulturspezifisch Interaktionsorientiert

Abb.17: Typen interkulturellen Trainings
Quelle: IFIM: Typen interkultureller Trainings, Presse-Service 3/2003.

- **Kulturübergreifende informatorische Angebote**

In kulturübergreifenden informatorischen Angeboten geht es eher um die theoretischen Basics. Was ist Kultur, wie funktioniert Wahrnehmung oder wie entstehen Stereotypen und

---

[17] Von Ladis D. / Bhagat, R.: Handbook of Intercultural Training, 1996, in: Kainzbauer, A.: Kultur im interkulturellen Training, 2002, S.20.
[18] Vgl. Bolton, J.: Interkulturelle Kompetenz, 2001, S.89 ff.
[19] Vgl. Götz, K.: Interkulturelles Lernen / Interkulturelles Training, 2001, S.33 ff.

Vorurteile sind typische Fragestellungen. Aufgrund geringer Praxisrelevanz finden sich solche Angebote jedoch eher selten.[20]

Es gibt Angebote, die als so genannte „Weltmodelle" den Anspruch erheben, Teilnehmer so zu schulen, dass sie trotz unspezifischer Informationen anschließend in einer breiten Palette von Kulturen kompetent agieren können. Erfahrungen zeigen jedoch, dass es sich dabei zwar durchaus um ein interessantes Feld interkultureller Forschung, letztlich aber kaum um eine anwendbare Wissensvermittlung handelt.[21]

Zu dieser Vermittlung von generellem Wissen über Kultur eignen sich Instrumente wie Vorträge, Diskussionen oder Videos.[22]

● **Kulturübergreifende interaktionsorientierte Angebote**

Kulturübergreifende interaktionsorientierte Angebote setzen vor allem auf Simulationen statt auf bloße Wissensvermittlung. Solche Simulationen dienen dazu, den Teilnehmern durch interaktives Vorgehen intensive und wertvolle Lernerfahrungen bezüglich der Angst vor Fremdheit, Stereotypisierung, Ethnozentrismus, etc. zu vermitteln. Die Teilnehmer lernen dabei nichts über eine fremde Kultur, dafür aber über ihre eigene Reaktion auf Fremdheit – aufgrund dieser allgemeinen Sensibilisierung werden solche Trainings auch als „Culture-Awareness-Trainings" oder als „Sensibilisierungsseminare" bezeichnet.[23]

Die Teilnehmer lernen, ihre persönlichen Motivationen und Einstellungen, Kommuniaktions- und Verhaltensweisen bewusst wahrzunehmen und einer Überprüfung zu unterziehen. Dabei ist die aktive Teilnahme, eine gemeinsame Auswertung und detaillierte Rückmeldung der anderen Teilnehmer und des Trainers erfolgsentscheidend.[24]

Eine solche allgemeine Sensibilisierung für die Thematik ist besonders dann sinnvoll, wenn sie darin besteht, Entscheidungsträger an die Relevanz und den Nutzen von interkultureller Kompetenz zu erinnern. Der Großteil der Teilnehmer besucht ein Training allerdings zur Vorbereitung eines Auslandseinsatzes, und so besteht meist der Wunsch nach konkreten Informationen über eine fremde Kultur und eine gezielte Hilfestellung für die dort zu bewältigende Aufgabe. Daher ist man in den meisten Unternehmen davon überzeugt, dass hilfreiches Training für Mitarbeiter „kulturspezifisch" sein muss.[25]

---

[20] Vgl. IFIM: Verwirrende Vielfalt? Typen interkulturellen Trainings, Presse-Service 3/2003.
[21] Vgl. IFIM: Allgemeine Sensibilisierung?, Presse-Service 1/2003.
[22] Vgl. Götz, K.: Interkulturelles Lernen / Interkulturelles Training, 2001, S.36.
[23] Vgl. Kainzbauer, A.: Kultur im interkulturellen Training, London 2002, S.21.
[24] Vgl. Götz, K.: Interkulturelles Lernen / Interkulturelles Training, 2001, S.38 f.
[25] Vgl. IFIM: Verwirrende Vielfalt? Typen interkulturellen Trainings, Presse-Service 3/2003.

• Kulturspezifische informatorische Angebote

Kulturspezifische informatorische Angebote konzentrieren sich tatsächlich auf die Beziehung zwischen zwei fremdkulturellen Ländern. Sie beinhalten zahlreiche landeskundliche Informationen, wie die politische Geschichte, die wirtschaftlichen Verhältnisse oder rechtlichen Besonderheiten des Landes, mit dem die Zusammenarbeit angestrebt wird. Zudem enthalten sie meist noch Informationen über Mentalität, Nationalcharakter, Familienstruktur, Philosophie, Erziehung, Künste, Gesundheitsstandards und vieles mehr. Diese Art von Trainings stellt heute wohl das größte Angebot dar. Teilnehmer haben hier das Gefühl, greifbare Informationen erhalten zu haben, die ihnen in der Praxis helfen, Fehler zu vermeiden. Solche Informationen können zwar hilfreich sein, doch wie in Kapitel 4.1 bereits angesprochen, keinesfalls aber eine Sicherheit im korrekten Handeln garantieren. Der Überblick kann im Rahmen eines solchen Trainings zudem meist nur grob erfolgen.[26] Außerdem wirkt die alleinige Konzentration auf die „Do´s and Taboos" eines Landes eher sterotypenbildend als stereotypenabbauend.[27]

Diese rein kognitive Angehensweise stellt die Notwendigkeit eines Seminars grund-sätzlich in Frage – schließlich kann man sich diese Informationen heute leicht selbst besorgen. Zum Erlernen dieser landesspezifischen „hard facts" dienen Bücher, das Internet oder in dem entsprechenden Land bevorzugte Tageszeitungen und Magazine. In einem organisierten Training dienen überwiegend Vorträge, Videos und Präsentationen zur Wissensvermittlung. Zusätzlich wird oft eine Reihe von Fact-sheets ausgeteilt.[28] Ein Beispiel dazu findet sich im Anhang dieser Arbeit (s. Anhang III).

Vorteile des Seminars sind die Möglichkeit zur Nachfrage und die Tatsache, dass man sich nicht selbst mit der Informationsbeschaffung beschäftigen muss.[29]

• Kulturspezifische interaktionsorientierte Angebote

Kulturspezifische interaktionsorientierte Angebote vermitteln ebenfalls landes- bzw. kulturspezifische Informationen, allerdings mit Fokus auf der zwischenmenschlichen Interaktion, gemäß dem Grundsatz: „Interaktion lässt sich nur durch Interaktion lernen."[30] Dafür bieten sich bikulturelle Workshops, landesspezifische Simulationen und Rollenspiele an. Alle Aktivitäten sind dabei auf die zwei relevanten Kulturräume – Entsendungs- und

---

[26] Vgl. IFIM: Verwirrende Vielfalt? Typen interkulturellen Trainings, Presse-Service 3/2003.
[27] Von Bolton, J.: Interkultureller Trainingsbedarf aus der Perspektive der Problemerfahrungen entsandter Führungskräfte, in: Götz, K.: Interkulturelles Lernen / Interkulturelles Training, 2001, S.73.
[28] Vgl. Götz, K.: Interkulturelles Lernen / Interkulturelles Training, 2001, S.37.
[29] Vgl. IFIM: Verwirrende Vielfalt? Typen interkulturellen Trainings, Presse-Service 3/2003.
[30] Von IFIM: Verwirrende Vielfalt? Typen interkulturellen Trainings, Presse-Service 3/2003.

Zielland – abgestimmt.[31] Optimal ist es, wenn auch die Trainingsteilnehmer aus den zwei betroffenen Kulturräumen kommen. Auch ein Trainerteam der beiden Kulturen kann hier von großem Vorteil sein.[32]

Da diese Art von Training alle drei Dimensionen interkultureller Kompetenz anspricht (kognitive, affektive und verhaltensbezogene), ist es am besten dazu geeignet, den interkulturellen Lernprozess voranzutreiben.[33]

4.3.4 Kulturübergreifend versus Kulturspezifisch

Es lassen sich folgende Vor- und Nachteile von kulturübergreifenden und kulturspeziellen Trainings zusammenfassen:

	Kulturübergreifende Trainings	Kulturspezielle Trainings
Vorteile	• Die Selbstreflexion der eigenen Kultur und des eigenen kulturellen Verständnisses erleichtern das Verstehen fremder Kulturen. Größeres Verständnis und Empathie für die Werte und Einstellungen anderer Kulturen sind Ziel der erlernten „Self-Awareness"	• Kulturspezifische Informationen liefern eine rationale Entscheidungsbasis in interkulturellen Kontaktsituationen. • Konkrete Ratschläge über angemessenes Verhalten in einer fremden Kultur vermitteln dem Betroffenen eine gewisses Sicherheitsgefühl.
Nachteile	• Nicht jede Person ist für diese Art von Training geeignet. Außerdem bedarf es viel Zeit „Self Awarenss" zu erlangen. • Der Einblick in die eigenen kulturelle geprägten Verhaltensweisen und Wertvorstellungen liefert zudem keine konkreten Anweisungen für die Vermeidung von unangemessenem Verhalten in fremden Kulturen.	• Das Erlernen von kulturspezifischen Fakten birgt die Gefahr der Stereotypisierung ohne Rücksicht auf die Persönlichkeit der Individuen. • Da ein Training nie alle Aspekte einer Kultur abdecken kann, ist das erlangte Sicherheitsgefühl gleichzeitig eine Gefahr der falschen Selbstsicherheit.

Abb.18: Kulturübergreifende versus kulturspezielle Trainings

Quelle: eigene Darstellung i.A.a. Kainzbauer, A.: Kultur im interkulturellen Training, 2002, S.23 ff.

Kritikern zufolge sind „interkulturelle kulturübergreifende" Trainings ein Widerspruch in sich, da das Wort „inter" impliziert, dass es um den Inhalt „zwischen" zwei fremdartigen Kulturen geht. Ein interkulturelles Training zwischen einem Land und dem Rest der Welt bzw. dem Ausland wird zu allgemein und abstrakt und bringt so letztlich keinen wirklich anwendbaren Lernerfolg.[34]

Ein Unternehmen muss ein Training natürlich aus ökonomischer Sicht bewerten – in möglichst kurzer Zeit soll der Mitarbeiter bzw. Trainingsteilnehmer möglichst viel

---

[31] Vgl. Götz, K.: Interkulturelles Lernen / Interkulturelles Training, 2001, S.40.
[32] Vgl. IFIM: Wozu dient ein deutscher Trainer?, Presse-Service 1/2003.
[33] Von Schmidt (IFIM): persönliches Telefonat, 27.05.2004.
[34] Vgl. IFIM: Weltweit...? Typen interkulturellen Trainings, Presse-Service 1/2003.

Wissenswertes erlernen, um dieses Wissen sinnvoll für die Unternehmensaufgabe einsetzen zu können. Dies geht meist mit einer aus pädagogischer Sicht problematisch erscheinenden Komplexitätsreduktion und zu starker Fokussierung auf die Vermittlung kulturspezifischer Fakten einher.[35]

4.3.5 Kombination aus kulturübergreifendem und kulturspezifischem Ansatz

Eine Kombination aus beiden Ansätzen scheint sinnvoll, um die Gratwanderung zwischen der allgemeinen Sensibilisierung der Teilnehmer und rezeptartigem Basiswissen über kulturelle Besonderheiten zu meistern. Die Vorteile einer effektiven Kombination liegen in der Komplementarität der Ansätze. Natürlich ist der erhöhte Aufwand an Zeit und Kosten immer mit dem Trainingsertrag „abzustimmen".[36]

4.3.6 Information versus Interaktion

Einige interkulturelle Experten sehen rein informatorische Angebote eher als Seminare statt als tatsächliches Training an. Training muss den Aspekt der Interaktion beinhalten und trifft daher nur für interaktionsorientierte Angebote zu. Nur durch die aktive Teilnahme können Teilnehmer auch selbst ihre Handlungskompetenz schulen.[37]

4.3.7 Trainingsinstrumente und –methoden

Für das Erreichen des Trainingsziels bieten sich verschiedene Trainingsmethoden und – Instrumente an. Grundsätzlich lassen sich folgende Instrumente und Methoden unterscheiden: Interkulturelle Literatur, Vorträge und Präsentationen, Filme und Videos, Diskussionen und Gruppendiskussionen, Fallstudien, Workshops, Rollenspiele und Simulationen.

Welche Methoden und Instrumente in welcher Art von Training genutzt werden, wurde bereits in der Beschreibung der verschiedenen Trainingstypen erwähnt. Für den gezielten Einsatz der verschiedenen Instrumente gibt es Gründe. Untersuchungen von Paige und Martin zufolge eignen sich einige Methoden besser für die didaktische Lehre, während andere für das Erfahrungslernen prädestiniert sind.[38]

---

[35] Vgl. Kainzbauer, A.: Kultur im interkulturellen Training, 2002, S.22.
[36] Vgl. Kainzbauer, A.: Kultur im interkulturellen Training, 2002, S.27.
[37] Vgl. IFIM: Verwirrende Vielfalt? Typen interkulturellen Trainings, Presse-Service 3/2003.
[38] Vgl. Paige, M. / Martin, J.: Ethics in Intercultural Training, 1996, in: Kainzbauer, A.:
     Kultur im interkulturellen Training, 2002, S.27 ff.

Die unterschiedlichen Einsatzmöglichkeiten soll folgende Tabelle verdeutlichen. Die Abfolge der Aktivitäten ist natürlich nicht festgeschrieben, sondern liegt im Ermessen des Trainers. Dennoch gibt es Methoden, die sich besonders für den Beginn eines Trainings eignen, um die Teilnehmer anfangs nicht zu überfordern und erst einmal das „Eis zu brechen"[39] – daher wird in der Tabelle auch die Intensität der Methoden unterschieden. Weitere Ausführungen dazu finden sich im nächsten Kapitel über das Trainingsklima.

Empfohlene Abfolge der Aktivitäten	„Involvement" der Teilnehmer	Risikograd bzw. Intensität der Trainingsmethode	Lernbereich
Vorträge, Präsentationen, Videos	Passiv	Sehr niedrig Gewohnt	Kognitiv
Diskussionen, Gruppendiskussionen	Aktiv	Niedrig Gewohnt	Kognitiv
Workshops (Problemlösen in Gruppen)	Aktiv	Mittel Für einige ungewohnt	Kognitiv
Fallstudien	Passiv (Reflexion) Aktiv (Diskussion)	Mittel Für viele ungewohnt	Kognitiv Affektiv
Rollenspiele	Aktiv	Hoch Für viele ungewohnt	Affektiv Verhaltensorientiert
Simulationen	Aktiv	Hoch Für die meisten ungewohnt	Affektiv Verhaltensorientiert

Abb.19:   Interkulturelle Trainingsaktivitäten
Quelle: i.A.a. Kainzbauer, A.: Kultur im interkulturellen Training, 2002, S.31.

Die verschiedenen Methoden verfolgen demnach unterschiedliche Ziele und lassen sich für gewisse Aspekte unterschiedlich gut einsetzen. Unterschiedliche Personen lernen zudem effizienter mittels verschiedener Methoden, so dass ein interkulturelles Training immer aus einem „Methodenmix" verschiedener Trainingstechniken bestehen sollte, um den Lernerfolg für alle Teilnehmer zu maximieren.[40]

Gerade die für den Lernerfolg so wichtigen interaktionsgeprägten Methoden wie Rollenspiele oder Simulationen setzen ein angenehmes Gruppenklima und die richtige Zusammensetzung der Trainingsteilnehmer und Trainer voraus.

---

[39] Vgl. Kainzbauer, A.: Kultur im interkulturellen Training, 2002, S.30.
[40] Vgl. Stüdlein, Y.: Management von Kulturunterschieden, 1997, S.323.

4.3.8 Trainingsklima

Je mehr Partizipation verschiedene Trainingsmethoden von den Trainingsteilnehmern verlangen, desto höher sind auch die Anforderungen an diese. Um beispielsweise möglichst realitätsnahe Situationen zu simulieren, muss bei den Teilnehmern ein Gefühl von Unsicherheit und Veränderung auftreten, was den „lebensechten" Wechsel in eine fremde Kultur simuliert. Dabei kommt es für die Teilnehmer eventuell zu unangenehmen Situationen, in denen private Details besprochen werden, peinliche Momente auftreten oder die Möglichkeit des „öffentlichen" Versagens besteht. Nur wenn das Trainingsklima von gegenseitigem Respekt und Vertrauen gekennzeichnet ist, sollten solche Trainingstechniken angewandt werden. Um ein solches Klima zu schaffen, sollten am Anfang immer vertraute, „risikolose" Aktivitäten wie Vorträge oder Diskussionen stehen, um ein Vertrauensverhältnis und eine entspannte Atmosphäre aufzubauen. Später können dann im Ermessen des Trainers intensivere Trainingsmethoden wie Rollenspiele und Simulationen folgen.[41]

Die Teilnehmer sollten dabei immer die Möglichkeit haben in Form eines „Debriefings" dem Trainer Ihre Emotionen zu vermitteln.[42] Denn nur so ist es dem Trainer möglich, "[to] recognize expectations about preferred learning methods and [to] consider potential barriers of learning."[43]

4.3.9 Trainingsteilnehmer

Interkulturelle Trainings werden heutzutage nicht mehr nur für Auslandsaufenthalte von Geschäftsleuten, sondern auch vermehrt für inländische Kontakte und damit für ein breit gestreutes Zielpublikum angeboten. So zählen zum Zielpublikum neben kaufmännischem und technischem Personal auch Mitarbeiter sozialer oder religiöser Einrichtungen, Schüler und Studenten, Lehrer und Hochschullehrer und so weiter, die alle ein unterschiedliches Interesse verfolgen.[44]

Im Folgenden gehen wir von Mitarbeitern einer Unternehmung als Trainingsteilnehmer aus. In der Praxis nutzen Unternehmen mit deutlicher Mehrheit kundenspezifische Trainings im eigenen Haus. Daher müssen nicht wie in „offenen Seminaren" die unterschiedlichen

---

[41] Vgl. Kainzbauer, A.: Kultur im interkulturellen Training, 2002, S.31.

[42] Vgl. Kainzbauer, A.: Kultur im interkulturellen Training, 2002, S.31.

[43] Von Thornhill, A.R.: Management Training across cultures, zitiert in: Journal of European Industrial Training, Nr.17, 07/1993, S.50, in: Kainzbauer, A.: Kultur im interkulturellen Training, 2002, S.38.

[44] Vgl. Kainzbauer, A.: Kultur im interkulturellen Training, 2002, S.37.

Interessen vieler verschiedener Zielgruppen beachtet werden. [45] Dennoch muss auch hier eine sinnvolle Zusammensetzung der Trainingsgruppe erfolgen.

Im Unternehmen benötigen eigentlich all jene Mitarbeiter ein gewisses Maß an interkultureller Kompetenz, die mit Menschen zu tun haben, die einer fremden Kultur entstammen, und all diejenigen, die Entscheidungen treffen, die fremdkulturell geprägte Menschen betreffen. Auch ein Produktentwickler benötigt so beispielsweise interkulturelle Kompetenz, auch wenn er nicht ins Ausland entsendet wird. So ist in den letzten Jahren auch der Bedarf an interkulturellen Trainings für Inlands-mitarbeiter gestiegen. Für Manager, die Auslandsaktivitäten leiten oder gar im Ausland agieren, ist interkulturelle Kompetenz Pflicht. Natürlich unterscheidet sich der Kompetenzbedarf in Intensität und Ausmaß, so dass immer noch mehrheitlich Führungskräfte und Manager interkulturelle Trainings besuchen. [46]

Wie bereits in Kapitel 3.2 erläutert wurde, ist die richtige Auswahl der Mitarbeiter entscheidend für die interkulturelle Aufgabe. Infolgedessen ist auch grundsätzlich zu bestimmen, welcher Mitarbeiter am interkulturellen Training teilhaben soll.

Es hat sich gezeigt, dass der Erwerb interkultureller Kompetenz überdurchschnittlich hohe Anforderungen an die Individuen stellt - „Je günstiger die persönlichen Voraussetzungen sind, desto schneller, leichter und perfekter kann interkulturelle Kompetenz erworben werden". [47]

Im Anforderungskatalog an die Teilnehmer stehen besonders jene Komponenten, die emotionale Intelligenz ausmachen: Motivation, Empathie (die Bereitschaft sich in andere Menschen einzufühlen), Selbstreflexion, Selbstkontrolle und soziale Kompetenz. Von besonderer Bedeutung ist dabei die Bereitschaft der Teilnehmer, sich auf eine fremde Kultur einzulassen. [48] All diese Eigenschaften begünstigen die Entwicklung interkultureller Sensibilität, da Menschen mit hohem Einfühlungsvermögen besser einen Perspektivenwechsel einnehmen können, „die Feinheiten der Körpersprache besser wahrnehmen und [leichter] die Botschaften hinter den gesprochenen Worten [..] [erkennen]." [49]

Gerade diese affektiven Fähigkeiten können längst nicht von jedem Mitarbeiter gleich gut erlernt werden. [50]

In den vergangenen Jahren wurden verschiedene Methoden der Eignungsdiagnostik angewandt. Dazu zählt das ausführliche Auswahlinterview, die Methode der Selbst-

---

[45] Vgl. Stoessel, A.: Marktübersicht Interkulturelles Training, in: management & training, 12/2000, S.16 f.

[46] Vgl. IFIM: Eignung und Auswahl für internationale Aufgaben, (13.05.2004).

[47] Von IFIM: Eignung und Auswahl für internationale Aufgaben, (13.05.2004).

[48] Vgl. Goleman, D.: Emotionale Intelligenz, in: Harvard Business Manager, 03/1999, S.29.

[49] Von Goleman, D.: Emotionale Intelligenz, zitiert in: Harvard Business Manager, 03/1999, S.29.

[50] Vgl. Graf, A. : Personal, 06/2003, S.26–29.

einschätzung anhand einer Checkliste zur kulturellen Anpassungsfähigkeit oder interkulturelle Assessment-Center, in denen sich die Teilnehmer unter Beobachtung in verschiedenen Simulationen bewähren müssen.[51] Eine seriöse Eignungsdiagnostik gibt es derzeit jedoch leider nicht.[52]

So ist es die Aufgabe des Personalmanagement, ein Maximum an Informationen über die Teilnehmer bereits in der Planungsphase zu erhalten und die Inhalte und Methoden des Trainings optimal auf den Trainingsteilnehmer bzw. die sinnvoll zusammengestellte Gruppe abzustimmen. Eine gezielte Personalauswahl kann entscheidend dazu beitragen, dass die durch das interkulturelle Training gesetzten Ziele auch verwirklicht werden können.[53]

4.3.10 Trainer

Sicherlich ist im Hinblick auf die effektive Auswahl an Trainingsmethoden und dem optimalen Umgang mit dem Trainingsteilnehmer bereits deutlich geworden, dass die Anforderungen an den Trainer besonders hoch sein müssen. Eine vorgeschriebene Berufsausbildung gibt es in diesem Bereich allerdings nicht, so dass sich lediglich eine Reihe wichtiger Anforderungsmerkmale aufzählen lässt. Je mehr ein Trainer aus seiner eigenen Erfahrung schöpfen kann, desto authentischer wird ein Training ablaufen. Die eigene und möglichst intensive Auslandserfahrung ist dabei zweifellos ein entscheidendes Qualitätsmerkmal, doch reicht sie nicht aus, um erfolgreiche Trainings durchführen zu können.[54]

Nach Paige sind neben dem umfangreichen Wissen und der Fähigkeit, dieses zu vermitteln auch die persönlichen Eigenschaften und die Ethik des Trainers entscheidend – dabei definiert Paige folgende Kompetenzkriterien in den vier Kategorien:

Wissen:	Umfangreiches Wissen über die gesamte Materie
Fähigkeiten:	Neben dem theoretischen Wissen muss der Trainer auch Fähigkeiten besitzen, dieses Wissen zu übermitteln. Dazu benötigt er Fähigkeiten bezüglich Trainingsinhalte, Trainingsdesign, Trainingsdidaktik, Rolle des Trainers, etc.

---

[51] Vgl. Deller, J.: Interkulturelle Eignungsdiagnostik, in: Thomas, A.: Psychologie interkulturellen Handelns, 1996, S.300 ff.
[52] Vgl. IFIM: Was sind die Kernprobleme interkultureller Eignungsdiagnostik, (13.05.2004).
[53] Vgl. Perlitz, M.: Internationales Management, 1993, S.389 f.
[54] Vgl. Kainzbauer, A.: Kultur im interkulturellen Training, 2002, S.39 ff.

Persönliche Eigenschaften:	Ein kompetenter Trainer muss selbst eine interkulturell kompetente Person sein. Daher sollte er auch all jene Qualitäten besitzen, die für den Erwerb interkultureller Kompetenz wichtig sind: Kulturelle Identität (bewusster Umgang mit der eigenen kulturellen Prägung), kognitive und affektive Flexibilität, Enthusiasmus, Motivation und Einsatz, interpersonale Fähigkeiten, Offenheit für neue Erfahrungen und Menschen, Empathie, Respekt, Geduld, Ambiguitätstoleranz und Sinn für Humor.
Ethik:	Letztlich sollte es in der ethnischen Einstellung eines Trainers verankert sein, sich ständig in Theorie und Praxis weiterzubilden.[55]

Es zeigt sich, dass der Trainer sowohl ein tiefes Verständnis für die eigene als auch für die fremde Kultur haben muss, um den Teilnehmern deutlich machen zu können, warum bestimmte Konflikte auftreten und wie man mit ihnen umgehen kann.[56]

Solche wenig offensichtlichen Qualitätsmerkmale werden schwer für Außenstehende im vornherein zu überprüfen sein – man sollte sich dennoch bei der Auswahl für ein von externen Dienstleistern durchgeführtes Training immer nach der theoretischen und praktischen Erfahrung des externen Trainingsinstitutes und deren Trainern erkundigen. Diesbezüglich kann der Lebenslauf eines interkulturellen Trainers sehr aufschlussreich sein.

Es werden viele Trainings angeboten, in denen der Trainer der Kultur entspringt, auf welche in dem Training eingegangen wird. Diese Überlegung macht durchaus Sinn, birgt aber auch die Gefahr, dass der Trainer sich trotz seiner interkulturellen Kompetenz nicht mehr ausreichend in die Teilnehmer hineinversetzen kann. Die Lehr- und Lerngewohnheiten der Teilnehmer sind selbst kulturell geprägt und darauf muss der Trainer eingehen können.[57]

Die Meinungen zu diesem Thema gehen auch unter den Trainingsinstituten auseinander. Einstimmigkeit herrscht jedoch darüber, dass ein doppelt besetztes Trainerteam - mit einem Trainer, der aus der Kultur der Teilnehmer stammt und einem, der aus der behandelten Kultur entstammt - wohl für den größten Lernerfolg sorgt. Neben dem Lernerfolg steigen allerdings auch die Kosten, was wiederum die Nachfrage nach solchen Angeboten schwächt.

---

[55] Vgl. Paige, M.: Intercultural Training Competencies, 1996, S.150 f, in: Ladis D. / Bhagat, R.: Handbook of Intercultural Training, 1996, S.148-164. , in: Kainzbauer, A.: Kultur im interkulturellen Training, 2002, S.41.

[56] Vgl. Stoessel, A.: Marktübersicht interkulturelles Training, in: management & training, 12/2000, S.17.

[57] Vgl. IFIM: Wozu dient ein deutscher Trainer?, Presse-Service 1/2003.

4.3.11 Sprache

Da Kultur und Sprache eng miteinander verzahnt sind, stellt sich die Frage, ob es nicht sinnvoll ist, das Training gleich in der Sprache durchzuführen, die in der anstehenden Kooperation genutzt wird. Obwohl das plausibel klingen mag, birgt dieser Ansatz die Gefahr, dass selbst, wenn die Trainingsteilnehmer die Fremdsprache gut beherrschen, sie sich doch mehr darauf konzentrieren müssen, dem Training zu folgen als sich wirklich auf die Inhalte konzentrieren zu können. Interkulturelles Training arbeitet aber gerade an dem Inhalt der Botschaften, während Sprachkurse daran arbeiten, wie man eine Botschaft in einer fremden Sprache am besten ausdrückt. Einen Vorteil beide Lernbereiche miteinander zu verbinden gibt es nicht, die Teilnehmer werden eher überfordert.[58]

4.3.12 Weitere Faktoren

Weitere Kriterien, die Inhalt und Umfang eines Trainings determinieren, sind z.B. Dauer, Aufgaben und Ziele der internationalen Arbeit.[59]

Dabei gilt, je komplexer und langfristiger die interkulturelle Zusammenarbeit geplant ist, desto früher muss mit dem interkulturellen Training begonnen werden und desto intensiver sollte versucht werden, eine hohe Stufe des interkulturellen Entwicklungsmodells zu erlangen. Die Inhalte des Trainings sind dem Kompetenzbedarf und den Vorrausetzungen der Zielgruppe entsprechend anzupassen.[60]

Individuelle Besonderheiten sind dabei ebenfalls zu berücksichtigen. So spielt es beispielsweise eine entscheidende Rolle, wenn Mitarbeiter, die längerfristig ins Ausland entsendet werden, eine eigene Familie haben und ob diese mitkommt oder nicht. Einer der am häufigsten genannten Gründe für den vorgezogenen Abbruch einer Auslandsentsendung ist immerhin das Unwohlbefinden der mitgereisten Familie.[61]

Es gilt, Mitausreisende auch in der Vorbereitung ernst zu nehmen, sie in das interkulturelle Training zu integrieren und ihnen die zentralen Kulturstandards des Gastlandes vermitteln. Ein abgespecktes Mitausreisendenprogramm in Form von Informationen über Kinder, Küche und Kirche reicht bei weitem nicht aus.[62]

---

[58] Vgl. IFIM: In welcher Sprache?, Presse-Service 1/2003.

[59] Vgl. Geistmann, C.: Erfolg durch interkulturelle Kompetenz, 2003, S.2.

[60] Vgl. IFIM: Meint „interkulturelles Training" das gleiche wie „Auslandsvorbereitung",
(12.05.2004).

[61] Vgl. Deller, J.: Interkulturelle Eignungsdiagnostik, in: Thomas, A.: Psychologie
interkulturellen Handelns, 1996, S.287.

[62] Vgl. IFIM: Themen für Mitausreisende?, Presse-Service 1/2003.

4.3.13 Trainingsplanung

Da der Erfolg eines interkulturellen Trainings von so zahlreichen Faktoren abhängt, ist eine gründliche Planung von enormer Wichtigkeit. Wie bei jeder Art von Planung sind dabei die Ziele des Trainings im Voraus zu definieren, da diese letztlich auch entscheidend für die Auswahl der Methoden und Teilnehmer sind.[63]

Thomas unterscheidet sowohl die Berücksichtigung der angesprochenen Persönlichkeit der potentiellen Teilnehmer wie auch die der Unternehmenskultur. Während sich das Personalmanagement über den Hintergrund der individuellen Mitarbeiter (Probleme, Wünsche, Ziele, etc.) bewusst sein muss, sind diese auch beispielsweise mit den Hintergründen der internationalen Kooperation und der Position des Unternehmens in Einklang zu bringen.[64]

Zwar geht es beim Training um die kulturelle Schulung der einzelnen Teilnehmer, doch soll dieser die erlernten Fähigkeiten im Interesse der Unternehmung einsetzen, das wiederum durch deren Unternehmenskultur geprägt ist. Der Trainingseffekt muss letztlich die Erwartungen des Trainingsteilnehmers als auch der gesamten dahinter stehenden Organisation erfüllen. Die Trainingsplanung setzt also bei der Personen- und bei der Organisationsebene an. Folgendes von mir vereinfacht dargestellte Modell (in Anlehnung an Thomas[65] und Geistmann[66]) soll diesen Zusammenhang verdeutlichen:

---

[63] Vgl. Götz, K.: Interkulturelles Lernen / interkulturelles Training, 2001, S.34.

[64] Vgl. Thomas, A.: Kulturvergleichende Psychologie - Eine Einführung, 1993, S.275, in: Kainzbauer, A.: Kultur im interkulturellen Training, 2002, S.32.

[65] Vgl. Thomas, A.: Fremdheitskonzepte in der Psychologie als Grundlage der Austauschforschung und der interkulturellen Managerausbildung, in: Wierlacher, A.: Kulturthema Fremdheit, 1993, S.275.

[66] Vgl. Geistman, C.: Erfolg durch interkulturelle Kompetenz, 2003, S.33.

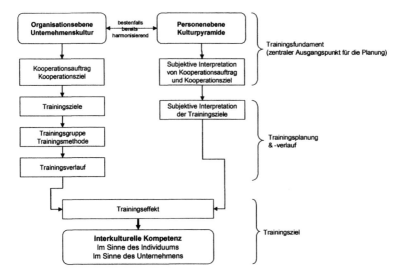

Abb.20: Trainingsplanung
Quelle: eigene Darstellung i.A.a. Thomas und Geistmann.

4.4   Aktuelle Trainingsangebote

Auf dem aktuellen Markt befindet sich eine Vielzahl von Angeboten zur Schulung interkultureller Kompetenz. Lässt man aber die großen Bildungsanbieter und Sprachinstitute, die interkulturelles Training lediglich als zusätzlichen Kurs anbieten, außer Acht, so bleibt ein recht überschaubarer Markt an Spezialanbietern. Im Angebot dieser Spezialanbieter finden sich Trainings aus allen vier Quadranten der aufgezeigten Typen-Matrix von Seite 57. Der Großteil beschäftigt sich jedoch mit kulturspezifischen Angeboten. Dabei geht es inhaltlich meist um die Auslands-vorbereitung für asiatische Kulturen wie Japan, China oder Korea. Dennoch bietet die Mehrheit auch Programme an, die auf allgemeine Sensibilisierung abzielen, welche zumindest immer Bestandteil eines Trainings sein sollte.

Es lassen sich externe offene Seminare und kundeninterne Veranstaltungen (Inhouse-Trainings) unterscheiden.

„Offene Seminare" sind zu festen Terminen stattfindende Veranstaltungen der Trainingsinstitute zu verschiedenen Themen. Sie werden meist von Unternehmen in Anspruch genommen, die nur vereinzelte Teilnehmer schulen möchten ohne dazu ein kostenintensiveres kundenspezifisches Training erstellen zu lassen. Der Nachteil liegt in der bunt gemischten Zuhörerschaft. Aufgrund der stark divergierenden Interessen und Fragen ist der Lernerfolg für den einzelner Teilnehmer nach Angaben vieler Institute meist gering.[67] Ein Beispiel für den Tagesablauf eines solchen offenen Seminars findet sich im Anhang dieser Arbeit (s. Anhang V).

Inhouse-Trainings können wiederum in ein generelles „Culture-Awareness-Training" und in inhaltlich explizit auf die Anforderungen der Unternehmung und der Trainingsteilnehmer abgestimmte Trainings unterschieden werden. Zur Abstimmung der Trainingsinhalte mit den Aufgaben und Zielen der interkulturellen Aufgabe setzen sich die Trainer vorher mit dem Unternehmen in Verbindung und erstellen eine Bedarfsanalyse.[68]

Obwohl in der Praxis zumeist ein- bis zweitägige Trainings angeboten und auch von Unternehmen, aufgrund gewünschter Zeit- und Kostenersparnis, überwiegend nachgefragt werden, können selbst nach Angaben des Institutes für Interkulturelles Management (IFIM) in solch knapper Zeit längst nicht alle Geschäftsgewohnheiten einer fremden Kultur vermittelt werden. „Wäre der Umgang mit fremden Kulturen so einfach, bräuchte man wahrscheinlich gar kein Training."[69]

So gibt es mittlerweile auch mehrwöchige Kurse zur Vorbereitung für internationale Zusammenarbeit. Diese werden meist in Zusammenarbeit mit internationale renommierten Business Schools abgehalten.[70]

4.5 Aktuelle Trainingsnachfrage

Interkulturelles Training wird heute zumeist vor einer Mitarbeiterentsendung ins Ausland in Anspruch genommen.[71]

Einer Umfrage der Gemini Consulting GmbH nach zufolge, bieten etwa 20% aller Unternehmen ihren Mitarbeitern vor einer Auslandsentsendung ein interkulturelles Training an. Trainings für inländische Mitarbeiter in interkulturellen Überschneidungssituationen sind noch die Ausnahme, nehmen aber an Nachfrage zu. Die Unternehmen, welche die Notwendigkeit interkultureller Kompetenz erkannt haben und ihre Mitarbeiter interkulturell schulen wollen, greifen fast ausschließlich auf kulturspezifische Trainingstypen zurück. Dabei werden überwiegend externe Anbieter in Anspruch genommen.[72]

---

[67] Vgl. persönliche Telefonate mit verschiedenen Trainingsinstituten.

[68] Vgl. Cifa crossculture: Globales Geschäft - Jahresprogramm 2004, Inhouse Training, S.1.

[69] Von IFIM: Interkulturelles Training, www.ifim.de/faq/faq-training.htm, (14.05.2004)

[70] Vgl. Thienel, S.: Asiatische Ansichten, in: Focus-Money, Nr. 25, 06/2004, S.51.

[71] Vgl. Stoessel, A.: Marktübersicht Interkulturelles Training, in: management & training, 12/2000, S.16 f.

[72] ebenda

4.6   Trainingskosten

Der Preis eines interkulturellen Trainings hängt besonders davon ab, ob es sich dabei um ein externes offenes Seminar handelt oder um ein kundenspezifisches Inhouse-Training. Außerdem spielen folgende Faktoren eine Rolle:

- Dauer des Trainings, was wiederum von Umfang und Methodik abhängt.
- Anzahl und Qualität der Trainer. [73]

Die Kosten für die Teilnahme an einem zweitägigen offenen Seminar liegen zwischen 965,- und 1350,- €. Bei solchen externen Veranstaltungen kommen zusätzlich Kosten für die Anreise und Unterkunft der Teilnehmer auf das Unternehmen zu.

Die Kosten für ein beim Kunden stattfindendes „Culture-Awareness-Training" liegen pro Tag zwischen 1300,- und 1800,- €. Hieran können Gruppen bis 12 Personen des Unternehmens teilnehmen. Solche Awareness-Trainings werden zwar speziell beim Kunden abgehalten, doch sind sie inhaltlich nicht spezifisch gestaltet.

Ein Pauschalangebot für ein Inhouse-Training, bei dem auch die Inhalte speziell auf die Ziele und Anforderungen der Unternehmung und der Trainingsteilnehmer abgestimmt sind, beträgt 3950,- € für einen Tag mit 2 Trainern. Dazu kommen noch Kosten für das Erstellen des spezielle „Trainings-Designs" (ca. 900,- €). [74]

Generell ist zu sagen, dass auch die interkulturellen Institute mit freien Trainern zusammenarbeiten. Oftmals ist es günstiger, solche Trainer direkt zu kontaktieren. Allerdings muss man sich dann selbst von deren Qualifikation überzeugen.

So bin ich im Laufe meiner Recherche auch auf einen sehr freundlichen und kompetent wirkenden Trainer getroffen, der für speziell auf das Unternehmen abgestimmte Trainingsinhalte „nur" einen Tagessatz von 965,- € nimmt, wobei Anreise und Übernachtung noch dazu kommen. [75]

Ein mehrwöchiger Kurs für internationale Geschäftskompetenz kostet beispielsweise in Zusammenarbeit mit der „China Europe International Business School" 20,000,- €. Der Kurs

---

[73] Vgl. IFIM: Was ist preiswert?, Presse-Service 1/2003.
[74] Vgl. Schmidt (IFIM): persönliches Telefonat, 27.05.2004.
[75] Vgl. Klingenfeld, S. (Compart3): persönliches Telefonat, 03.06.2004.

ist 2 x 2 Wochen und findet in Barcelona und Shanghai statt. Die Unterbringung ist inbegriffen, die Anreise nicht.[76]

Zusammenfassend war es das Ziel dieses Kapitels, einen Überblick über den Stand der Forschung und der Praxis im Bereich „Interkulturelles Training" zu geben. Außerdem wurde ein Einblick in die aktuellen Angebote externer Trainingsinstitute gegeben, wobei ich in Anbetracht der zahlreichen unterschiedlichen Trainingsangebote keinen Anspruch auf Vollständigkeit erhebe.

Dennoch will ich - aufgrund einiger offensichtlicher Schwachstellen im interkulturellen Trainingsprozess externer Anbieter - die gewonnenen Kenntnisse nutzen, um im folgenden Kapitel über den Aufbau, die Effektivität und die Effizienz eines internen Kompetenzzentrums nachzudenken. Denn obwohl das interkulturelle Training ein besonders wichtiger Teil des interkulturellen Lernprozesses ist, sollte es nicht bei einzelnen Trainingsseminaren als isolierte Maßnahme bleiben. Es gilt vielmehr, die gesamte Unternehmensstruktur so zu gestalten, dass ein Klima der positiven Wertschätzung von kultureller Vielfalt und interkultureller Kompetenz entsteht.

---

[76] Vgl. Thienel, S.: Asiatische Ansichten, in: Focus-Money, Nr. 25, 06/2004, S.51.

Teil V: Interkulturelles Lernen als ganzheitlicher Unternehmensprozess

5.1   Eigene Modelle von Deutsche Bank, Siemens, Bayer, DaimlerChrysler

Meine Recherche und die Kontaktaufnahme mit vielen Unternehmen zeigte, dass die Relevanz interkultureller Kompetenz den meisten internationalen Unternehmen bewusst ist, und erkannt wurde, dass deren Erwerb über die Inanspruchnahme einzelner Trainingsseminare hinausgehen muss.

In einigen fortschrittlichen Unternehmen hat die Umsetzung von Maßnahmen bezüglich interkulturellem Management bereits begonnen. Im Bereich der Personalentwicklung gibt es fest installierte Programme zur Schulung interkultureller Kompetenz.

Die Deutsche Bank sieht im Rahmen ihres eigenen „International Staff Exchange Programm" (ISE) beispielsweise eine einjährige Entsendung schon für junge Mitarbeiter vor, die wiederum durch Sprachkurse mit verhaltensspezifischen Aspekten und Gesprächen mit Absolventen des ISE-Programms vorbereitet wird.[1]

Als einer der ersten deutschen Konzerne realisiert die Siemens AG bereits seit über 20 Jahren interkulturelle Beratung und Trainings in verschiedenen Formen.
Interkulturelle Geschäftskompetenz gilt hier nicht als „Kulturromantik", sondern „als Voraussetzung für den internationalen geschäftlichen Erfolg sowie als potenzielle Quelle von Mehrwert („Return on Culture")."[2]
Siemens hat erkannt, dass für eine Vielzahl von Mitarbeitern interkulturelle Geschäftskompetenz zunehmend relevant ist und versucht den verschiedenen Anforderungen der Belegschaft durch ein differenziertes Portfolio von interkulturellen Trainingsmaßnahmen gerecht zu werden. Darunter fallen:
- Seminare zur interkulturellen Sozialkompetenz (Bewusstseinsbildung)
- Seminare zur internationalen Zusammenarbeit mit einem bestimmten Land (kulturspezifisches Know-how)
- Trainings zur interkulturellen Teamarbeit für kulturell heterogene Teams
- Seminare zu bestimmten internationalen Geschäftskompetenzen
- (z.B. Präsentationen oder Verhandlungen in China)
- Maßgeschneidertes Coaching für international tätige Führungskräfte

---

[1] Von Aller, B. (Deutsche Bank AG): Graduate Recruitment & Training, Email vom 28.05.2004.
[2] Von Gibson, R. / Zailing, T.: Aufbau interkultureller Geschäftskompetenz, in: von Rosentiel, L. / Pieler, D.: Strategisches Kompetenzmanagement, 2004, S.237.

-   Berufsspezifische Seminare für spezielle Aufgabenspektren

Die Unterstützung der international tätigen Mitarbeiter wird dabei als begleitender Prozess, der auch während und nach der internationalen Aufgabe – also von der Auswahl bis zur Rückkehr – verstanden wird.[3]

Auch die Bayer Holding hat eine eigene Abteilung für internationale Personaleinsätze, die sich „Expatriate Administration" (EEA) nennt. Die Aufgabe von ITM ist die Durchführung internationaler Personaleinsätze und die Betreuung von Führungskräften im Ausland. Darunter fallen folgende Leistungen:

-   Versetzungsvorbereitung und -orientierung
-   Unterstützung vor der Ausreise
-   Visa-Service
-   Unterstützung bei der Rückkehr

Dazu gehört auch eine interkulturelle Vorbereitung des Expatriaten und gegebenenfalls seiner Familie, sowie bei Bedarf ein Sprachunterricht, der in einem eigenen internen Sprachzentrum stattfindet. Interkulturelle Seminare der Bayer AG werden intern in Zusammenarbeit mit freiberuflichen Trainern durchgeführt. Zusätzlich arbeitet Bayer für spezielle Trainings auch mit dem Institut für Interkulturelles Management (IFIM) zusammen.[4]

DaimlerChrysler sieht in dem professionellen Umgang mit kulturellen Unterschieden den Schlüssel zum Erfolg der internationalen Arbeit und ist dementsprechend in seinen internen Maßnahmen besonders fortschrittlich. Durch interkulturelles Training und Beratungsleistungen im Team Human Ressources Development in der Abteilung EMD/I werden Führungskräfte und Mitarbeiter bei ihrem internationalen Einsatz unterstützt. Der Ansatz basiert auf drei Grundpfeilern:

1. Schaffung von Bewusstsein für kulturelle Unterschiede
2. Vermittlung von relevantem Wissen
3. Ausbau der Fähigkeiten, mit kulturellen Unterschieden professionell umgehen zu können

Bei der Umsetzung dienen Intranet, interactive web-based Trainings, Simulationen, Länderinformationen oder auch ein spezielles Online-Tool zur Erstellung eines persönlichen Kulturprofils (Cultural Orientation Index) als Entscheidungshilfe für oder gegen einen Auslandseinsatz. Außerdem besteht ein Netzwerk aus „Kulturexperten" – das sind einerseits

---

[3] Vgl. Gibson, R. / Zailing, T.: Aufbau interkultureller Geschäftskompetenz, in: von Rosentiel, L. / Pieler, D.: Strategisches Kompetenzmanagement, 2004, S.237 – 250.
[4] Von Bayer Business Services GmbH: persönliches Telefonat, 27.05.2004, 15:00 Uhr.

zurückgekehrte Mitarbeiter, andererseits auch international erfahrene Trainer, Experten und Coaches. Zusätzlich bestehen Kooperationen mit externen Managementinstituten.[5]

In der Praxis handelt es sich bei all diesen Modellen meist um Pilotprojekte, deren Erfolg bisher kaum gemessen werden kann, zumal die Anwendungen immer sehr unternehmens-spezifisch gestaltet sind und wenig Vergleichsmöglichkeiten bieten. Trotz der internen Koordination und eigenen Unterstützungsmaßnahmen wird das eigentliche Training nach wie vor meist extern eingekauft.[6]

Meiner Meinung nach ist es empfehlenswert, eigene, spezifisch auf das Unternehmen zugeschnittene Modelle zur Erlangung interkultureller Kompetenz zu entwickeln und effektiv in die Unternehmensaktivitäten zu integrieren. Solch eine neue Entwicklung wird Zeit brauchen, aber währenddessen findet ein Lernprozess statt, der nicht zu unterschätzen ist, und letztlich ist es besser mit kleinen Schritten zu beginnen, als überhaupt nicht. Die Vorteile einer solchen Integration sollen im folgenden Abschluss meiner Arbeit hervorgehoben werden.

5.2   Das „interkulturelle Kompetenzzentrum"

Obwohl ein allgemeines Bewusstsein über die entscheidende Rolle der interkulturellen Kompetenz im internationalen Wettbewerb vorhanden ist, und sich daraufhin ein Angebot von Spezialanbietern für interkulturelles Training gebildet hat, zählt in Deutschland die interkulturelle Trainingsforschung gegenwärtig immer noch zu den vernachlässigten Gegenständen wissenschaftlichen Interesses.[7]

Verhältnismäßig wenige Firmen versuchen, auf der Grundlage unternehmens-spezifischer Konzeptionen ihre Mitarbeiter intern und in eigener Regie bezüglich interkultureller Kompetenz fort- und weiterzubilden.[8]

Für die Entwicklung wissenschaftlich fundierter und praktisch anwendbarer Konzeptionen mangelt es in internationalen Unternehmen in der Regel an zeitlichen und personellen

---

[5] Von Becker, C. (DaimlerChrysler): Statement zu Diversity-Maßnahmen bei DaimlerChrysler, Email vom 12.05.2004.

[6] Vgl. Stoessel, A.: Marktübersicht Interkulturelles Training, in: management & training, 12/2000, S.16 f.

[7] Vgl. Bolton, J.: Interkultureller Trainingsbedarf aus der Perspektive der Problemerfahrungen entsandter Führungskräfte, in: Götz, K.: Interkulturelles Lernen / Interkulturelles Training, 2001, S.61 f.

[8] Vgl: Dülfer, E.: Internationales Management, 2001, S.531.

Ressourcen – „es wird viel und oft über interkulturelle Kompetenz gesprochen, aber investiert wird wenig."[9]

Infolgedessen wird auf externe Trainings zurückgegriffen. Meist sind jedoch auch die externen Dienstleister nicht in der Lage, interkulturelle Trainingsforschung weiter-zuentwickeln und sie den wandelnden Gegebenheiten der Umwelt und speziellen Bedürfnissen der Unternehmen anzupassen. So reproduziert sich das bestehende Trainings-angebot seit Jahren selbst, „ohne dass größere Modifikationen und Bedarfsanpassungen vorgenommen werden." [10]

Im Verlauf meiner Recherchen bin ich auf zahlreiche Erkenntnisse und Theorien gestoßen, die in der Praxis bisher kaum Aufmerksamkeit und daher auch nur sehr vereinzelt Anwendung finden. Diese wissenschaftlichen Erkenntnisse widersprechen sich inhaltlich nicht, lassen sich größtenteils sogar hervorragend kombinieren und mit bisherigen Ansätzen verbinden. Auf Basis dieser Informationen und deren zweckmäßiger Kombination und Koordination, versuche ich in diesem Kapitel, das damit auch den Abschluss meiner Arbeit darstellt, ein Modell zu entwickeln, welches Unternehmen hilft, interkulturelle Kompetenz zu erlangen, zu nutzen und zu fördern und alle Aktivitäten über eine zentrale Stelle zu kontrollieren. Im weiteren Verlauf werde ich dieses Modell als „interkulturelles Kompetenzzentrum" (IKZ) beschreiben.

Das IKZ ist eine Art „Spezialeinheit" der Personalabteilung. Wie diese strukturiert ist und welchen Umfang sie einnimmt, hängt von den individuellen Anforderungen und Kapazitäten des jeweiligen Unternehmens ab. Wichtiger als die Struktur ist die klare Zuständigkeit und Verantwortlichkeit des IKZ für alle interkulturellen Belange, komplett vom Management der heterogenen Belegschaft bis hin zu einzelnen spezifischen Auslandsvorbereitungen. Leiter des IKZ ist ein „interkultureller Headcoach". Dieser hat mehr als nur eine Trainerfunktion. So ist er beispielsweise verantwortlich für die Koordination aller Schulungsmaßnahmen und muss den Überblick über die interkulturellen Erfahrungen aller Mitarbeiter haben. Wie dies zu bewerkstelligen ist, folgt in Kapitel 5.5.1, wenn ich auf die Funktion einer „interkulturellen Personaldatenbank" als Bestandteil des IKZ eingehe. Je nach Anforderungen und Kapazitäten des Unternehmens gibt es dann noch einen mehr oder weniger großen Trainerstab und weitere Verwaltungs-mitarbeiter. Diese kümmern sich

---

[9] Von Gibson, R. W. (Siemens Intercultural Competencies): Telefoninterview, 09.06.2004.
[10] Von Bolton, J.: Interkultureller Trainingsbedarf aus der Perspektive der Problemerfahrungen entsandter Führungskräfte, in: Götz, K. Interkulturelles Lernen / Interkulturelles Training, 2001, S.61.

beispielsweise um die „interkulturelle Länder-Datenbank" – ein weiteres wichtiges Element des IKZ, auf deren Funktion ich ebenfalls später noch genauer zu sprechen komme. Um die Vorteile eines internen IKZ zu verdeutlichen, werde ich zunächst weitere Problemkomplexe der interkulturellen Trainingsforschung aufzeigen, welche in der Praxis durch die alleinige Konzentration auf externe Trainingsangebote bisher vernachlässigt werden.

5.3   Kontinuierliche Organisations- und Personalentwicklung

Eine der am häufigsten genannten Gründe dafür, dass Mitarbeiter völlig unvorbereitet ins Ausland entsendet werden, ist die fehlende Vorbereitungszeit aufgrund kurzfristiger Entsendungen.[11]

Das Aneignen interkultureller Kompetenz sollte aber ohnehin nicht auf den „Brandfall" der Entscheidungssituation beschränkt sein, sondern vielmehr auf dem Konzept des permanenten und eigenverantwortlichen „lebenslangen Lernens" basieren.[12]

„Die Mitarbeiter müssen [dabei] zunehmend einen Teil ihrer Zeit einbringen, um sich entsprechend weiterzubilden [...], damit sie auch in Zukunft employable bleiben", so Goller, Leiter des Siemens Center of E-Excellence"[13]

Aufgabe des Unternehmens bzw. des interkulturellen Kompetenzzentrums ist es, den Mitarbeitern diese Möglichkeit der Weiterbildung zur Verfügung zu stellen und alle Maßnahmen zu koordinieren und dokumentieren. „Der interkulturelle Lernprozess setzt die Veränderungsbereitschaft von Personen und Organisationen voraus".[14]

Durch ein IKZ besteht Unabhängigkeit gegenüber externen Trainingsinstituten. Es ermöglicht Flexibilität in der Koordination verschiedener Trainingseinheiten und ist Basis für eine dauerhafte Bewusstseinsbildung. Kurze überzeugende Vorträge im Hause könnten in regelmäßigen Abständen der gesamten Belegschaft zugänglich gemacht werden. So wird mit geringen Kosten eine allgemeine Sensibilisierung und ein erhöhtes Bewusstsein über die Thematik geschaffen. Auf Basis der allgemeinen Sensibilisierung können dann spezifische Trainingseinheiten für ausgewählte Mitarbeiter erfolgen, auch spontan wenn nötig.

---

[11] Vgl. IFIM: Allgemeine Sensibilisierung?, Presse Service 1/2003.
[12] Vgl. Achtenhagen, F. / Lempert, W.: Lebenslanges Lernen, 1999, in: Götz, K.:
Interkulturelles Lernen / Interkulturelles Training, 2001, S.77.
[13] Von Goller, A.: Veränderungsmanagement mit aktuellen Werkzeugen, zitiert in: Qualifier:
Nr.11, 12/2000, (08.06.2004).
[14] Vgl. Rothlauf, J.: Interkulturelles Management, 1999, S.79.

5.3.1 Lernmodule

Meiner Meinung nach eignet sich für den interkulturellen Lern- und Trainingsprozess eine Art Baukastensystem, das auf verschiedenen Lernmodulen aufbaut. Anfängliche Module bewirken eine allgemeine Sensibilisierung und können über persönliche Vorträge, Präsentationen oder bereitstehenden Downloads leicht der gesamten Belegschaft zugänglich gemacht werden. Im Laufe des Lernprozesses der Mitarbeiter werden die Trainingsmodule dann immer spezifischer gestaltet und auf die individuellen Anforderungen angepasst sein.

Es erfolgt ein permanenter systematischer Aufbau an interkultureller Kompetenz. Bei wechselnden Bedarfsanforderungen können Module leicht ausgetauscht werden. Auch kann auf einige Themenkomplexe leicht wieder zurückgegriffen werden, wenn sich der Mitarbeiter noch nicht sicher genug fühlt oder weitere Fragen haben sollte. Mitarbeiter werden so effektiv zum Beispiel auf einen längeren Auslandseinsatz vorbereitet. Folgende Grafik soll den systematischen Kompetenzaufbau zweier Mitarbeiter vereinfacht darstellen:

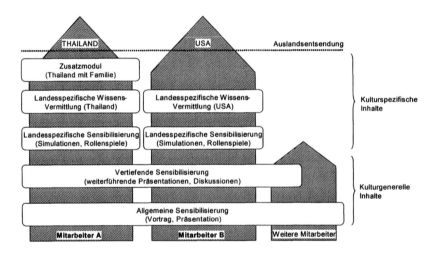

Abb.21: Trainingsmodule im interkulturellen Lernprozess
Quelle: Eigene Darstellung

Geht der Lernprozess über die allgemeine Sensibilisierung hinaus, erfolgt zunächst die Aufteilung in die unterschiedlichen Kulturbereiche (Japan, USA, Australien, etc.), aber auch eine Spezifikation bezüglich des speziellen Anforderungsprofils in Hinblick auf die Aufgabenstellung des betroffenen Mitarbeiters (Unternehmensabteilung, Kooperationsauftrag und –ziel, Auftragsdauer, etc.). Schließlich gibt es noch Zusatzmodule welche auf die individuellen, persönlichen Besonderheiten der Teilnehmer ausgerichtet sind (Mitreisende Familie, etc.).

Findet die Vorbereitung an nur einem oder zwei Tagen durch externe Anbieter statt, wird der Lernerfolg aufgrund der zeitlichen Knappheit und der Informationsflut für den teilnehmenden Mitarbeiter weitaus geringer ausfallen.[15]

Über eine interne Steuerung besteht zudem die Möglichkeit, dass das IKZ für einzelne Trainingsmodule leichter eine effektive Trainingsgruppe zusammenstellen kann, ohne dass die Mitarbeiter gleich einen ganzen Tag außer Haus sein müssen. Für spezielle Module können so auch zum Beispiel Rückkehrer mit einbezogen werden, damit diese ihr Wissen an die zu schulenden Mitarbeiter weitergeben können.

5.3.2 Interaktionsorientierte Trainingseinheiten

Auf ein interaktionsorientiertes Training, das auf die Verhaltensebene der Teilnehmer abzielt, kann natürlich nicht verzichtet werden. Im Gegenteil, das Training durch aktive Interaktion stellt nach wie vor den wichtigsten Teil in der Erlangung interkultureller Kompetenz dar. Vorträge für große Teile der Belegschaft oder die interne „Länder-Datenbank" können und sollen diese Einheiten nicht ersetzen, sondern vielmehr unterstützend wirken.

Selbst wenn ein Unternehmen bei interaktionsorientiertem Training auf externe Anbieter zurückgreift, müssen diese vereinzelten Trainingseinheiten unbedingt mit unterstützenden Maßnahmen ergänzt werden, um den Lernerfolg zu maximieren.

Ich halte es jedoch für sinnvoll, auch das eigentliche, interaktionsorientierte Training in das Unternehmen einzugliedern. Dabei kann man auf freie Trainer zurückgreifen, so dass in Zeiten ohne Trainingsbedarf keine unnötigen Kosten entstehen. Allerdings sollte darauf geachtet werden, immer auf einen festen Trainerstamm zurückzugreifen. Der Vorteil liegt darin, dass der Trainer im Laufe der Zeit auch die Unternehmenskultur und spezifischen Arbeitsanforderungen besser kennenlernt und so die Trainingsinhalte besser anpassen kann. Zusätzlich ist er dann über den „interkulturellen Wissenstand" der Trainingsteilnehmer informiert. Gerade die Trainer-Teilnehmer-Beziehung ist wichtig für ein angenehmes Gruppenklima, das wiederum einen besseren Lernerfolg mit sich bringt.[16] Kennen die Mitarbeiter den Trainer nach einiger Zeit, muss nicht immer wieder von neuem eine Vertrauensbasis aufgebaut werden.

Die permanente Weiterbildung eines Trainers ist ebenfalls von großer Wichtigkeit. Die Unternehmung könnte dafür sorgen, den Trainer auf verschiedene Auslandseinsätze

---

[15] Vgl. Telefonate mit verschiedenen Trainingsinstituten (IFIM, cifa, etc.)
[16] Vgl. Kainzbauer, A.: Kultur im interkulturellen Training, 2002, S.30 f.

mitzuschicken, in denen er wiederum als „interkultureller Mediator" für die dort tätigen Mitarbeiter dient und selbst auch weitere interkulturelle Erfahrungen sammelt. Mehr zu der Funktion eines solchen „interkulturellen Mediators" folgt im nächsten Kapitel.

5.4   Durchgängigkeit des Trainingsprozesses

Durch die Koordination der einzelnen Maßnahmen lässt sich ein Mitarbeiter also kontinuierlich auf eine interkulturelle Zusammenarbeit, z.B. ein Auslandsprojekt, vorbereiten. Götz unterscheidet im interkulturellen Trainingsprozess zwischen folgenden Phasen:

1. Kulturbewusstseins – u. Informationsphase (Eingangsphase)
2. emotionale / multikulturelle Konfrontation (Übungsphase)
3. Verhaltensanpassung (Abschlussphase)[17]

Die Bezeichnung „Abschlussphase" halte ich dabei für kritisch, da sie meiner Meinung nach impliziert, dass man den Lernprozess abgeschlossen hat und infolgedessen als interkulturell kompetent gilt. Gerade vor dem Hintergrund einer kontinuierlichen Personal- und Organisationsentwicklung ist diese Einstellung hinderlich.

Außerdem dürfte selbst mit einer optimalen Vorbereitung der für diesen Auftrag ausgelegte Lernprozess längst nicht als abgeschlossen gelten. Der nächste Abschnitt soll verdeutlichen, dass ein Lernprozess durchgängig sein muss und auch während und nach der interkulturellen Zusammenarbeit Maßnahmen notwendig sind, um die betroffenen Mitarbeiter zu unterstützen. Dies betrifft hauptsächlich Situationen, in denen Mitarbeiter für längere Zeit ins Ausland entsendet werden, weshalb auch in den nächsten Kapiteln diese Situation der Auslandsentsendung als Beispiel dienen wird.

5.4.1   „On-the-job-Maßnahmen" während der internationalen Zusammenarbeit

Stahl hat 1998 als erster eine Studie durchgeführt, in der umfangreiche Daten zu Problemkontexten deutscher Entsandter ermittelt wurden. Er befragte 116 Führungskräfte der oberen und mittleren Ebene, die über mehrere Jahre in den USA oder Japan tätig waren.[18] Dabei unterscheidet Stahl unterschiedliche Problemfelder, die er als „Problemklasse" bezeichnet. Eine verkürzte Auswertung der Studie zeigt folgendes Ergebnis:

---

[17] Vgl. Götz, K. Interkulturelles Lernen / Interkulturelles Training, 2001, S.42.
[18] Vgl. Stahl, G.: Internationaler Einsatz von Führungskräften, 1998, S.173 f.

Problemklasse / Beispiele	Aufenthalt: < 2 Jahre	Aufenthalt: 2-6 Jahre
Reintegration (berufliche & private Rückkehrprobleme)	46%	76% ↗
Stammhausbeziehungen (Autonomiekonflikt, fehlende Unterstützung)	50%	61% ↗
Personal / Führung (Personalbeschaffung, -führung, -entwicklung)	50%	48% →
Sprache / Kommunikation (Verständigungs- & Orientierungsprobleme)	58%	54% →
Gastlandkontakte (fehlende / unbefriedigende Kontakte)	46%	50% →

Abb.22:   Probleme deutscher Auslandsentsandter
Quelle: Stahl, G.: Internationaler Einsatz von Führungskräften, 1998, S.173 f.

Es lässt sich feststellen, dass Häufigkeit und Intensität des Auftretens vieler Problemklassen mit der Zeit nicht ab- sondern eher zunehmen. Daraus lässt sich ableiten, dass interkulturelle Trainings, die als „off-the-job-Maßnahmen" dem Auslandsaufenthalt vorgeschaltet sind, nicht ausreichen. Der Expatriat benötigt eine Möglichkeit, auch während seiner internationalen Tätigkeit - also „on-the-job" - auf eine Betreuung zurückgreifen zu können.[19]

Auch nach Brishin und Yoshida darf sich interkulturelles Training nicht nur auf die bloße Vorbereitung vor einer Auslandsentsendung beschränken, sondern muss ein durchgängiger Prozess sein - auch während und nach der Auslandsentsendung. Sie unterscheiden in diesem Zusammenhang zwischen „pre-departure trainings", „mid-assignment training" und „reentry workshops".[20]

Neben interkulturellen Schwierigkeiten haben entsandte Mitarbeiter im Ausland häufig Probleme mit dem Stammhaus, also dem Unternehmen im Heimatland. Entsandte Mitarbeiter fühlen sich oftmals allein gelassen und wünschen sich mehr Unterstützung. Stahl bezeichnet diese Problemklasse als „Stammhauskonflikt".[21]

Es ist deshalb wichtig, dass der Expatriat einen festen „Stellvertreter" im Stammhaus hat, mit dem er in ständigem Kontakt ist und der sich um seine Belange kümmert. Die Notwendigkeit der ständigen Betreuung ließ die Idee eines Mediators aufkommen. Dieser ist interkulturell kompetent und begleitet als neutrale Person die interkulturelle Zusammenarbeit, ist also auch

---

[19] Vgl. Götz, K.: Interkulturelles Lernen / interkulturelles Training, 2001, S.65.
[20] Vgl. Brishin / Yoshiba: Intercultural Communication Training: an Introduction, 1994, S.194 f, in: Kainzbauer, A.: Kultur im interkulturellen Training, 2002, S.36.
[21] Vgl. Stahl, G.: Internationaler Einsatz von Führungskräften, in: Götz, K.: Interkulturelles Lernen / interkulturelles Training, 2001, S.63 ff.

im Ausland als stiller Beobachter vor Ort und konzentriert sich auf die interkulturelle Ebene.[22] Der Vorteil des Mediatorverfahrens liegt in der unmittelbaren Nähe und Einflussmöglichkeit des Mediators auf Dysfunktionalitäten in interkulturellen Prozessen.[23] Selbst wenn es dem Unternehmen beispielsweise aus Kostengründen nicht möglich ist, einen Mediator einzusetzen, sollte der interkultureller Headcoach des Unternehmens (oder ein Stellvertreter) permanenter Ansprechpartner sein und bei Bedarf unterstützend zur Seite zu stehen. Diese Verbindung kann leicht über Telefon, Email oder Videokonferenz erfolgen. Es gilt auch, den Expatriaten über Änderungen und Neuheiten im Stammunternehmen auf dem Laufenden zu halten.[24]

Eine weitere gute „on-the-job-Maßnahme" in diesem Zusammenhang ist die bereits erwähnte und später genauer beschriebene „Länder-Datenbank", die die Mitarbeiter im Ausland als Informationsquelle nutzen können. So können die Mitarbeiter sich für bestimmte Ereignisse – zum Beispiel ein bevorstehendes Essen mit Geschäftspartner und Familie – noch einmal ganz gezielt informieren.

5.4.2 Nachbearbeitung in der Reintegrationsphase

Wie die Studie von Stahl weiterhin zeigt, treten Probleme am häufigsten sogar erst nach dem eigentlichen Auslandsaufenthalt - also bei der Reintegration des Mitarbeiters auf. Es hat sich gezeigt, dass ein Mitarbeiter nach einem längeren Aufenthalt im Ausland bei der Rückkehr mit Problemen zu kämpfen hat – im privaten wie auch im unternehmensinternen Bereich.

Da dieser Themenkomplex erst in der neueren Fachliteratur vorzufinden ist und er lange Zeit vernachlässigt wurde, ist davon auszugehen, dass auch in der Praxis diese Problematik bisher mehr oder weniger improvisatorisch gelöst wurde.[25]

Besonders wenn ein Mitarbeiter von einem Tag auf den anderen wieder die gewohnte Leistung im Stammunternehmen erbringen muss, wird der Druck auf ihn sehr groß. Kentner spricht dabei von einem „Kontra-Kulturschock". Zwar hat sich der Mitarbeiter im Ausland noch die positiven Spezifika der Heimatkultur herbeigewünscht, meist dabei aber nicht an die alltäglichen Nachteile gedacht und so kommt es, dass auch der ursprüngliche gesellschaftliche und unternehmerische Kulturstandard als fremd wirkt und zunächst kein Orientierungssystem

---

[22] Vgl. Südlein, Y.: Management von Kulturunterschieden, 1997, S.306-310.

[23] Vgl. Götz, K.: Interkulturelles Lernen / Interkulturelles Lernen, 2001, S.79.

[24] Vgl. Perlitz, J.: Internationales Management, 1993, S.387.

[25] Vgl. Dülfer, E.: Internationales Management in unterschiedlichen Kulturbereichen, 2001, S. 547 ff.

bietet. Dem Kontra-Kulturschock folgt eine Wiederanpassungsphase an die gewohnten Umweltverhältnisse.[26]

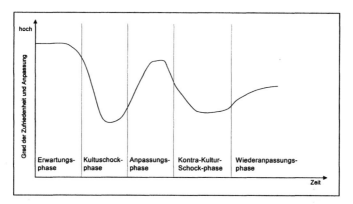

Abb.23: Phasenmodell des Auslandseinsatzes
Quelle: Dülfer, E.: Internationales Management, 2001, S. 549.

In der Zeit der Wiedereingewöhnung sieht sich der Rückkehrer meist mit ganz neuen Aufgaben konfrontiert. Es liegt im Interesse des Unternehmens eine solche Wieder-anpassungsphase so kurz wie möglich zu halten, damit der Mitarbeiter auch möglichst schnell wieder einen Grad an Zufriedenheit erlangt, der ihm hilft, die gewohnte Leistung zu bringen. Meist sind Auslandsaufenthalte mit dem Abschluss eines bestimmten Projektes beendet – im Stammunternehmen wartet eine neue Aufgabe – „nach einem solchen Aufenthalt fängt immer wieder ein neuer Lebensabschnitt an, darauf muss man vorbereitet sein."[27]

Das Unternehmen kann bei der Wiederanpassung unterstützend wirken, indem es den Rückkehrer schon vorher über die neuen Aufgaben informiert und ihm eine Einführung in „alte Strukturen" erleichtert.

Eine gezielte Nachbearbeitung durch ausführliche Interviews mit Rückkehrern dient der Informationsgewinnung im Anschluss an den Auslandsaufenthalt. Nach Stahl eignet sich besonders die Interviewform der „Critical Incident Technique", um umfangreiche Daten zu Problemkontexten von zurückgekehrten Mitarbeitern zu ermitteln.[28] Wichtige und aktuelle Informationen können so gewonnen werden und in die „Länder-Datenbank" der

---

[26] Vgl. Kentner, M.E.: Zur Reintegration von Stammhausdelegierten, 1980, in: Dülfer, E.: Internationales Management, 2001, S.549 ff.
[27] Von Kopp, W.: persönliches Interview, 16.05.2004.
[28] Vgl. Götz, K.: Interkulturelles Lernen / Interkulturelles Lernen, 2001, S.63.

Unternehmung einfließen. So wird diese aktuell gehalten und im Laufe der Zeit um wichtige Erkenntnisse vervollständigt.

Die Probleme der Reintegration von Mitarbeitern können immens sein, und doch wird eine ordentliche Nachbearbeitung bisher kaum durchgeführt. Auch die Probleme bezüglich der Stammhausbeziehung können entscheidend für Erfolg und Misserfolg einer Auslandsentsendung sein und gehen doch bei der üblichen Vorbereitung durch externe Trainings „off-the-job" verloren.

Das liegt unter anderem daran, dass diese beiden Problemklassen nicht unmittelbar dem Bereich der interkulturellen Kompetenz zugesprochen werden und daher nicht als Bestandteil interkulturellen Trainings gesehen werden.[29]

Dies mag aus Sicht der externen Trainingsanbieter durchaus plausibel sein, doch geht es neben einer interkulturellen Vorbereitung der Teilnehmer für die Unternehmen doch gerade um die interkulturelle Handlungskompetenz während der internationalen Kooperation und um einen kontinuierlichen Kompetenzaufbau der Organisation und ihrer Mitarbeiter.

5.5   Kompetenzaufbau durch Computertechnologie

Gerade für den kontinuierlichen Kompetenzaufbau der Organisation und ihrer Mitarbeiter lohnt es sich vermehrt, die Computertechnologie zu nutzen.

Dabei kann der Computer bei der Sicherung, dem Austausch und dem Ausbau von Wissen als Unterstützungsinstrument für den Menschen dienen.[30] Besonders das Intranet bzw. Internet ist hier von besonderem Vorteil - ob als Verwaltungsinstrument für eine „interkulturelle Personaldatenbank", als Nachschlagewerk für landes-spezifische Informationen in einer „Länder-Datenbank", als Download-Möglichkeit für verschiedene Lernmodule oder als Basis für ein „Netzwerk interkultureller Experten".

5.5.1 Interkulturelle Personaldatenbank

Im Rahmen eines IKZ, in dem alle Personalweiterbildungsmaßnahmen koordiniert und dokumentiert werden, wäre es denkbar, ein System von „interkulturellen credit points" einzuführen, das genau festhält, welcher Mitarbeiter an welcher Art von interkulturellem Training teilgenommen hat, und wie dieser sich sozusagen selbst für neue Aufgaben qualifiziert. Damit kein interner Wettbewerb um diese „credit points" entsteht, der ein Konkurrenzdenken auslöst, wird zum einen die Vergabe vom IKZ kontrolliert und zum anderen sind diese Daten auch nur vom IKZ einzusehen. Durch eine interkulturelle

---

[29] Vgl. Götz, K.: Interkulturelles Lernen / Interkulturelles Lernen, 2001, S.69.

[30] Vgl. Prange, C.: Organisationales Lernen und Wissensmanagement, 2002, S.141.

Personaldatenbank würden zusätzlich die bisherigen Auslandserfahrungen oder sonstige relevante Informationen dokumentiert, so dass der interkulturelle Headcoach schnell einen guten Überblick über den bisherigen „interkulturellen Stand" der einzelnen Mitarbeiter bekommt. Hierin zeigt sich die enge Zusammenarbeit des IKZ mit der Personalabteilung, weshalb ich das IKZ in Kapitel 5.2 auch als „Spezialeinheit" der Personalabteilung bezeichnet habe.

Solch eine interkulturelle Personaldatenbank ist wichtig für die optimale Personalauswahl, einem der Knackpunkte für den Erfolg internationaler Projekte. Es sei hier noch einmal an die hohen Abbruch- und Misserfolgsraten erinnert, welche zu hohen direkten und indirekten Kosten für die Unternehmung führen. Mit einer effektiveren Personalauswahl ließen sich viele solcher Verluste vermeiden – doch nur, wenn das Unternehmen selbst um die Kompetenzen seiner Mitarbeiter weiß, kann es diese auch gezielt einsetzen. Eine solche interkulturelle Personaldatenbank über den „interkulturellen Wissensstand" der Mitarbeiter kann beispielsweise folgende Daten auflisten:

> Relevante Personaldaten (Abteilung, Position, Sprachkenntnisse,Familienstand, etc.)
> Vorträge, Seminare, Trainings, die der Mitarbeiter besucht hat („credit-points")
> Auslandserfahrungen (allgemein)
> Auslandserfahrungen für das Unternehmen
> Einschätzung des interkulturellen Headcoach / Trainer

Dass solche verhaltensbezogenen und situationsbedingten Inhalte natürlich nur unvollständig dokumentiert werden und nicht eindeutig Aufschluss über die interkulturelle Handlungs-kompetenz der Mitarbeiter geben können, ist klar. Ein genereller Überblick verhilft dem IKZ aber zu wissen, welcher Mitarbeiter bereits welche Voraussetzungen und Erfahrungen mitbringt. Letztlich entscheidet dann die persönliche Einschätzung des interkulturellen Headcoachs des IKZ in Zusammenarbeit mit der Personalabteilung des Unternehmens wie geeignet ein Mitarbeiter für bestimmte internationale Aufgaben ist.

5.5.2 Interne Länder-Datenbank

In den vorgegangenen Kapiteln habe ich mehrmals von einer Länder-Datenbank als Teil des IKZ gesprochen. Ohne hier im Speziellen das System einer Datenbank erläutern zu wollen, möchte ich aufzeigen, welchem Zweck sie dient, wie sie in Bezug auf interkulturelle Kompetenz strukturiert sein könnte, und was es dabei zu beachten gilt.

Abgesehen von dem Wissensaustausch mit Geschäftspartnern über die Unternehmensgrenzen hinweg, gilt es auch, das Wissen innerhalb der Unternehmung effektiv zu nutzen. Gerade explizites Wissen, wie landesspezifische Informationen, lassen sich leicht dokumentieren und vermitteln.[31]

Eine Datenbank als globale Lernplattform ermöglicht schnell und preisgünstig für eine hohe Anzahl von Mitarbeitern Wissen zur Verfügung zu stellen. Diese können so jederzeit und überall auf den Wissenstand der Unternehmung zugreifen.[32]

Dazu hat jeder Mitarbeiter ein passwortgeschütztes Zugriffsrecht, Änderungen und Ergänzungen können aber nur vom IKZ durchgeführt werden.

Natürlich kann man bei weitem nicht alle Lernprozesse virtualisieren.[33]

Der Versuch birgt sogar die Gefahr, dass „überfüllte" Datenbanken mit mehr oder weniger vermittelbaren Inhalten zu unübersichtlich werden und schließlich nicht genutzt werden. In der Praxis existiert eine Vielzahl solcher „Wissensfriedhöfe", die ihren Zweck nicht erfüllen.

Es gilt, sich auf geeignete Wissensinhalte zu konzentrieren – das sind alle landesspezifischen Informationen, also die schon so oft erwähnten „Do's and Taboo's" interkultureller Überschneidungssituationen.

Für alle international tätigen Unternehmen kommt es darauf an, aus der Datenflut die Inhalte zu extrahieren, die für die Mitarbeiter im täglichen betrieblichen und möglichst auch im privaten Gebrauch relevant sind.[34]

Es gibt im Internet bereits verschiedene Seiten (siehe z.B. www.exporterra.de), die eine solche Datensammlung anbieten. Allerdings ist ein vollständiger Zugriff darauf meist kostenpflichtig, und die Inhalte sind sehr allgemein gehalten.

Der Vorteil einer eigenen gut gepflegten und aktualisierten Datenbank liegt in den auf die Unternehmung angepassten Inhalten und deren Aktualität, was einen kontinuierlichen Kompetenzaufbau mit sich bringt.

Die Inhalte einer Datenbank müssen effektiv strukturiert sein, um das immer komplexere Überblickswissen sinnvoll zu ordnen.[35] Zunächst erfolgt eine Einteilung in die verschiedenen Kulturbereiche (Japan, Australien, USA, etc.). Dabei kann man sich auf die Einsatzorte der Unternehmung konzentrieren. Danach scheint die Unterteilung in unterschiedliche Sachgebiete sinnvoll. Einige davon betreffen das Land allgemein, andere die allgemeine

---

[31] Vgl. Düfner, E.: Internationales Management, 2001, S.608 f.
[32] Vgl. Düfner, E.: Internationales Management, 2001, S.607 f.
[33] Vgl. Qualifier: Nr.11, 12/2000, (08.06.2004).
[34] Vgl. Düfner, E.: Internationales Management, 2001, S.608.
[35] Vgl. Qualifier: Nr.11, 12/2000, (08.06.2004).

Wirtschaft und wieder andere Inhalte sind unternehmensspezifisch. Letztlich kann noch eine weitere Kategorie angefügt werden, in der Rückkehrer auf weitere Besonderheiten aufmerksam machen.

- Kulturbereiche:
  - relevante Einsatzorte bzw. Kooperationspartner
    (Japan, Australien, USA, etc.)

- Allgemeine Sachgebiete:
  - Geographische Merkmale
    (Lage, Größe, Grenzen, Ressourcen, Klima, etc.)
  - Wichtige Adressen
    (Botschaften und Konsulate, Ärztliche Hilfe, etc.)
  - Daten zur Bevölkerung
    (Größe, Zusammensetzung, Wertvorstellungen und Verhaltensregeln, etc.)
  - Daten zu politischen Verhältnissen
    (Staatsform, Regierung, Rechtssystem, Gewerkschaften, Verbände, etc.)
  - Daten zur Kultur
    (Tradition, Sprache, Religion, Kunst und Musik, etc.)

- Wirtschaftliche Sachgebiete
  - Wirtschaftsverhältnisse
    (Bruttoinlandsprodukt, Industrialisierung, Import, Export, etc.)
  - Daten zu Geschäftskontakten
    (Begrüßung, Augenkontakt, Sitzordnung, Gesprächsbeginn, etc.)
  - usw.

- Unternehmensspezifische Sachgebiete:
  - Daten zum Kooperationspartner / Unternehmung
    (Organigramm, Ansprechpartner, Unternehmenskultur, Philosophie, etc.)
  - Aufgabenspezifische Informationen
    (Technologiestand, etc.)

- Besonderheiten aus der Perspektive der „Rückkehrer"

5.5.3 Expertennetzwerk

Wenn es darum geht, implizite Wissensinhalte zu vermitteln, wie sie wahrscheinlich unter dem Punkt „Besonderheiten aus der Perspektive der Rückkehrer" in der Länder-Datenbank anzutreffen sind, ist ein persönliches Gespräch besser geeignet. Dazu dient die Schaffung des bereits angesprochenen „Expertennetzwerkes". Hier finden sich die Kontaktdaten zu den Mitarbeitern, die selbst schon einmal in dem betreffenden Land gewesen sind und dort ihre persönlichen Erfahrungen gesammelt haben und ebenso Kontaktdaten von aktuell im Ausland tätigen Kollegen.

Ist dieses Wissen nur im Kopf eines einzelnen Mitarbeiters gespeichert, kann es für die Organisation verloren sein, sobald die Betroffenen dieses Wissen nicht teilen oder die Organisation verlassen.[36] Nur über eine effektive Vernetzung kann das Wissen für andere Mitarbeiter zugänglich gemacht werden.[37]

Auch im vernetzten globalen Team, in dem internationale Mitarbeiter über Landesgrenzen hinweg zusammenarbeiten, muss der Einzelne vermehrt sein Wissen teilen und vervielfältigen. Entscheidend dafür ist die zwischenmenschliche Kommunikation, deren Basis ein gemeinsames Bewusstsein für diese Thematik ist.

Hat man erst einmal den Überblick, welcher Mitarbeiter über welches Wissen bzw. welche Erfahrungen verfügt, lässt sich dieses auch leichter nutzen. Es hat sich gezeigt, dass gerade der Kontakt mit Betroffenen bzw. Rückkehrern wichtig für den Lernerfolg und eine gute Vorbereitung bei Auslandseinsätzen ist. Ein „internes Expertennetzwerk" wäre eine große Hilfe, die richtigen Mitarbeiter miteinander in Verbindung zu setzen, denn der wahre Nutzen von implizitem (interkulturellem) Wissen kommt nur in einer intensiven zwischenmenschlichen Kommunikation zu tragen.[38] „Begeistertes miteinander und voneinander Lernen steht dabei im Mittelpunkt."[39] Damit dieses Bewusstsein in der Belegschaft vorhanden ist, gehört zum effektiven Personalmanagement in Hinblick auf interkulturelle Kompetenz auch ein begleitendes Visionsmanagement mit kooperativer Teamentwicklung. Interkulturelle Kompetenz und das Bemühen um den gemeinschaftlichen Aufbau muss daher zunächst vom Top-Management als ernsthaftes Bestreben an die gesamte Belegschaft kommuniziert werden, bevor es im allgemeinen Bewusstsein durch die Mitarbeiter selbst gelebt und gefördert wird.[40]

---

[36] Vgl. Argyris, C. / Schön, D.: Die lernende Organisation, 1999, S.27.
[37] Vgl. Qualifier: Nr.11, 12/2000, (08.06.2004).
[38] Vgl. Nielsen, K.: Wissensmanagement ist professionelle Kommunikation, in: Prange, C.: Organisationales Lernen und Wissensmanagement, 2002, S.141.
[39] Von Nielsen, K.: Wissensmanagement ist professionelle Kommunikation, in: Prange, C.: Organisationales Lernen und Wissensmanagement, 2002, S.141.

5.6   Ausblick – Web Based Training, Learn Management Systeme, E-Learning

Aufgrund der fortschreitenden technologischen Entwicklung ist zu überlegen, ob es nicht möglich ist, neben den landesspezifischen Informationen den Mitarbeitern auch weitergehende Informationen mittels Computer zur Verfügung zu stellen. Durch ein IKZ ließen sich über das Intranet jederzeit auch Lerneinheiten in Form von Dokumenten, Präsentationen oder auch kurzen Videosequenzen abrufen. Die Mitarbeiter hätten so die Chance, ohne große Unterbrechungen verschiedenste Lernmodule zu rekapitulieren und ihre interkulturelle Sensibilität „aufzufrischen". [41]

Obwohl sich die Hauptaufgabe einer Datenbank zunächst auf die Informationsbereitstellung von „hard facts" konzentriert, gibt es schon seit einiger Zeit Entwicklungen, welche die Funktion des Internet bzw. des Intranet erweitern, und es zukünftig nicht nur für die Bereitstellung von Informationen, sondern auch für die Wissensvermittlung, nutzbar machen.

Bereits heute ist das Internet eine zentrale Informationsquelle, um schnell an aktuelle Daten zu gelangen, und es ist ein Medium für eine räumlich und zeitlich entzerrte Kommunikation. In Zukunft wird es vermehrt als Werkzeug dienen, mit dessen Hilfe Mitarbeiter orts- und zeitunabhängig Zugang zu Inhalten des Arbeitsumfeldes bekommen und sich systematisch weiterbilden können. [42]

In diesem Zusammenhang ist von „Web Based Training" (WBT) und „Learn Management Systemen" (LMS) die Rede, die dazu dienen, die Nutzer durch „E-Learning" weiterzubilden.

Das Computer basierte Training ist heute bereits als innovative Lehrform weit entwickelt, in der praktischen Anwendung allerdings noch selten vorzufinden. Web Based Training beschreibt dabei die gesamte Thematik der Fort- und Weiterbildung über ein Netzwerk – aufgrund der benötigten Bandbreite für die multimedialen Inhalte ist hier meist vom unternehmensinternen Netzwerk, dem Intranet die Rede.

Dazu gibt es bereits verschiedene Modelle, so genannte Learn Management Systeme, die versuchen, die Inhalte sinnvoll in einzelne Lerneinheiten zu unterteilen und zu koordinieren. Die einzelnen Lerneinheiten erhält der Mitarbeiter via Intranet bequem auf seinen Büro-PC gespielt. Unterrichtseinheiten in Form von Präsentationen und Multimedia-Inhalte wie Videosequenzen und anschauliche Grafiken erscheinen in einem Fenster seines Web-Browsers. [43]

---

[40] Vgl. Nielsen, K.: Wissensmanagement ist professionelle Kommunikation, in: Prange, C.: Organisationales Lernen und Wissensmanagement, 2002, S.39.

[41] Vgl. E-teaching@university: CBT und WBT, (07.06.2004).

[42] Vgl. ARCHmatic-Glossar: Internet, (08.06.2004).

[43] Vgl. ARCHmatic-Glossar: Das Internet macht das Lernen billiger, (08.06.2004).

Interaktive Lerneinheiten schulen den Mitarbeiter. Sie dienen dazu, komplexe Inhalte in einfachen nachvollziehbaren Schritten zu vermitteln. Sie sind im Aufbau und in ihrer Geschwindigkeit vom Lernenden individuell bestimmbar. Ein LMS bietet so die Möglichkeit, den Unterricht individuell und nach eigenen Vorstellungen attraktiv zu gestalten. Im Sinne des „individual learning-path", also des individuellen Lehrweges, kann so jeder Mitarbeiter seinen eigenen Weg wählen über den er am besten zum gewünschten Lernerfolg kommt.[44] Der Lernerfolg wird durch Übungsfragen im Multiple-Choice-Verfahren überprüft. Es ist dem IKZ genau möglich festzustellen, welcher Mitarbeiter, wann, in welcher Zeit, wie oft welche Lerneinheiten absolviert hat und wie erfolgreich er dabei abgeschnitten hat. Die Ergebnisse sind dann leicht in die „interkulturelle Personaldatenbank" zu übertragen und mit „credit points" zu bewerten.

Sobald eine Frage beantwortet ist, erfährt der Nutzer die richtige Lösung. Über ein virtuelles Lernbuch kann er verfolgen, welche Trainings er bereits absolviert hat. Bei Unklarheiten haben die Mitarbeiter zudem jederzeit die Möglichkeit, Inhalte der Lehrveranstaltung unter individuellen Gesichtspunkten zu wiederholen und zu vertiefen.[45] Dies ist ein wichtiger Schritt in Richtung des eigenständigen „lebenslangen Lernens".

In Chat-Räumen und Diskussionsforen können Mitarbeiter zusätzlich Erfahrungen mit Kollegen und Trainern austauschen – ähnlich wie in dem bereits angesprochenen „Expertennetzwerk".[46]

Auch ein gut funktionierendes LMS hat letztlich nicht zum Ziel, Training, das auf zwischenmenschlicher Interaktion aufbaut, zu ersetzen.

"Der Grundgedanke [...] ist, dass der Besuch von [Vorträgen, Seminaren und Trainingseinheiten] nicht ersetzt wird, sondern dass ganz im Gegenteil neue Medien dabei helfen, die Beziehung zwischen Anwesenheitsveranstaltungen und individuellem Arbeiten zu verbessern. Ziel ist es, eine internetgestützte Lehr- und Lernumgebung zu entwickeln, die [andere Lernmethoden] begleitet: Sie soll Hilfestellung zu den Inhalten von [Trainingseinheiten] geben, zum Selbstlernen anregen [und] Möglichkeiten der Kontrolle und der Selbstkontrolle des Wissensstandes enthalten."[47]

---

[44] Vgl. ARCHmatic-Glossar: Das Internet macht das Lernen billiger, (08.06.2004).
[45] Vgl. Bildungsverlag EINS: Web Based Training, (10.06.2004).
[46] Vgl. ARCHmatic-Glossar: Das Internet macht das Lernen billiger, (08.06.2004).
[47] Von Weigand, H.-G., zitiert in: ARCHmatic-Glossar: Lehren und lernen mit dem Internet, (8.06.2004).

5.6.1 Hybridlernen

"Die Zukunft der beruflichen Fortbildung liegt in der Verbindung von interaktiven Web-basierten Trainings, klassischen Seminaren [und Veranstaltungen] und interaktiven, synchronen Lernmethoden."[48]

Wie in Kapital 4.3.7 erwähnt, sind sich die Experten interkultureller Kompetenz darüber einig, dass ein „Methodenmix" im Verlaufe des Lernprozesses die beste Möglichkeit bietet, kognitive und affektive Komponenten gezielt miteinander zu verbinden und so für den größten Lernerfolg zu sorgen.[49] Es gilt, die Lernmethoden und –instrumente so zu koordinieren, dass sie ineinander greifen. Bei diesem so genannten „Hybrid-Lernen" fällt jeder Komponente eine andere, sehr spezielle Rolle zu, und doch sind sie alle sinnvoll miteinander verbunden und bauen aufeinander auf.[50]

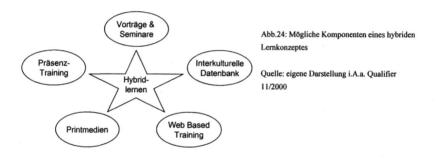

Abb.24: Mögliche Komponenten eines hybriden Lernkonzeptes

Quelle: eigene Darstellung i.A.a. Qualifier 11/2000

5.6.2 Technologische und menschliche Voraussetzungen

Die technologische Voraussetzung für E-Learning in Form eines internen Netzwerkes dürfte heute bereits im Großteil internationaler Unternehmen vorhanden sein. Entscheidender ist die Akzeptanz der Mitarbeiter gegenüber der computergestützten Weiterbildung, denn dieser eigenverantwortliche Ansatz setzt voraus, dass die Unternehmung die eigenen Mitarbeiter so motiviert, dass diese die Veränderungen tragen und aktiv mitgestalten. Die Dokumentation aller Weiterbildungsmaßnahmen (ob klassisch oder computergestützt) des IKZ in der interkulturellen Personaldatenbank sollte dabei förderlich sein.

---

[48] Von Kabel, F., zitiert in: ARCHmatic-Glossar: Das Internet macht das Lernen billiger, (08.06.2004).
[49] Vgl. Südlein, Y.: Management von Kulturunterschieden, 1997, S.323.
[50] Vgl. Qualifier: Nr.11, 12/2000, (08.06.2004).

5.6.3 Kostenersparnisse

Die Inhalte des E-Learnings müssen zunächst einmal generiert, programmiert und bei Bedarf aktualisiert werden. Anschließend können sie von beliebig vielen Nutzern beliebig oft genutzt werden. Nach Angaben der Mummert + Partner Unternehmensberatung kann die Fort- und Weiterbildung von Mitarbeitern so zukünftig durch E-Learning rund 30 Prozent günstiger werden.[51]

Neben der technischen Realisierung derartiger Möglichkeiten lauten weitere Fragen: Inwieweit wird durch diese neuen Technologien das Lernen des Einzelnen erleichtert? Wird es effektiver? Wird der Wissenszuwachs größer? Für welche Inhalte bietet sich das Internet / Intranet besonders an? Wo liegen die Gefahren der Nutzung des neuen Mediums? Es ist letztlich schwer abzuschätzen, als wie lohnenswert sich WBT für einzelne Unternehmen erweist.

Verfechter des E-Learning kommunizieren heute bereits vor allem folgende Vorteile:
- Lernende können Ort, Zeit, Methode, Tempo und Inhalte des Lernens selbst bestimmen.
- Individuelle Berücksichtigung der Bedürfnisse und Fragen des einzelnen Lernenden durch die elektronische Kommunikation mit Tutoren.
- Aktuelle und modulare Lerneinheiten erlauben eine Just-in-time-Qualifizierung, ausgerichtet nach individuellen Arbeitsplatzerfordernissen.
- Kosten für die Hardware und Datenübertragung sinken laufend. Einmal erstellte Module können immer wieder genutzt werden.
- Transferleistung des Gelernten in den Berufsalltag kann durch große Arbeitsplatznähe der Lerninhalte sowie durch professionelle Online-Betreuung sichergestellt werden.
- Austausch mit einer großen Anzahl von Lernenden über elektronische Chats möglich.[52]

Mit Schwierigkeiten ist dagegen aufgrund folgender Punkte zu rechnen:
- Fehlende organisatorische Voraussetzungen und mangelhafte Ausstattung in den Unternehmen.
- Fehlendes Know-how und schlecht angepasstes Verhalten von Anwendern und Trainern.

---

[51] Vgl. ARCHmatic-Glossar: Das Internet macht das Lernen billiger - Meldung von Mummert + Partner vom 16.03.01, (08.06.2004).
[52] Vgl. Qualifier: Nr.11, 12/2000, (08.06.2004).

- Didaktisch-methodisch mangelhaft aufbereitetes Lernmaterial, gegebenenfalls zu kompliziert und benutzerunfreundlich, zu technikorientiert, zu teuer oder zu zeitraubend.

Besonders im komplexen Lernprozess der interkulturellen Kompetenz sehe ich aufgrund der verhaltensorientierten Thematik die Problematik der schwierigen Aufbereitung des Lehrmaterials als besonders groß. Hier wird es sicher eine weitere Entwicklung und viele verschiedene Probephasen benötigen, bis sich ein LMS-Ansatz als effektiv erwiesen und durchgesetzt hat.

Ob sich in Zukunft auch das WBT als Möglichkeit, interkulturelle Kompetenz zu erlernen, durchsetzen kann, wird sich zeigen. Wichtig ist letztlich, dass ein IKZ alle Möglichkeiten effektiv nutzt, um die Mitarbeiter der Unternehmung interkulturell zu schulen und die gewonnene interkulturelle Kompetenz im gesamten Unternehmen zu nutzen und zu fördern.

5.7 Zusammenfassung der Erkenntnisse

Es wird deutlich, dass zahlreiche Erkenntnisse vorliegen, die bei der alleinigen Konzentration auf externe Trainings untergehen, wodurch ein kontinuierlicher Ausbau interkultureller Kompetenz in der Unternehmung sowie ihrer Mitarbeiter verhindert wird. Hier sind noch einmal die wichtigsten Erkenntnisse der Arbeit und deren Berücksichtigung innerhalb eines IKZ's zusammengefasst:

● Interkulturelle Kompetenz ist ein entscheidender Wettbewerbsfaktor.

> Demnach muss interkulturelle Kompetenz auch innerhalb der Organisation, unabhängig von externen Anbietern, permanent gefördert werden, um einen „nicht imitierbaren" Vorteil gegenüber der Konkurrenz auf- und auszubauen.

● Ziel ist eine kontinuierliche Organisationsentwicklung.

> Vorraussetzung ist das „Involvement" des Top-Management – darauf basierend eine kontinuierliche Bewusstseinsbildung der gesamten Belegschaft und die gezielte Weiterbildung einzelner Mitarbeiter.

• Ziel ist das „lebenslanges Lernen" der Mitarbeiter (permanente Fort- und Weiterbildung)

> Das ist nur durch regelmäßige Lern- und Trainingseinheiten und die Möglichkeit des selbstständigen Informationszugriffes möglich.

• Training sollte immer auf einem theoretischen Rahmen und einer sinnvollen Gliederung basieren.

> Das IKZ kann durch die verschiedenen Module den Lernprozess der einzelnen Mitarbeiter systematisch aufbauen, perfekt koordinieren und langfristig planen.

• Interkulturelles Training basiert sowohl auf der Organisationskultur als auch auf kultureller personenspezifischer Prägung (Kulturpyramide).

> Ein IKZ weiß sowohl um die Organisationskultur als auch um die kulturelle Prägung der Mitarbeiter und kann so den Lernprozess inklusive der interaktionsorientierten Trainingseinheiten perfekt auf diese abstimmen.

• Das „kulturelle Lernen" sollte ein durchgängiger Prozess sein – vor, während und nach der interkulturellen Aufgabe („off-the-job" und „on-the-job").

> Der interkulturelle Coach als permanenter Ansprechpartner, die Datenbank als ständige Informationsquelle und eine gezielte Nachbereitung in der Reintegrationsphase gewährleisten die Durchgängigkeit des Lernprozesses.

• Kulturgenerelle Inhalte sollten vor kulturspezifischen Trainingsinhalten erfolgen und eine allgemeine Sensibilisierung vor konkreter Wissensaneignung.

> Eine allgemeine Sensibilisierung dient als Basis, auf die detaillierte Trainingseinheiten folgen, die auf die Anforderungen der Teilnehmer abgestimmt sind - das Ineinandergreifen der Module wird durch das IKZ gesteuert.

• Vertraute „risikolose" Trainingsmethoden sollten zu Beginn und „risikoreiche" Instrumente zum Schluss des Trainings Anwendung finden - der effektive Einsatz eines „Methodenmix" erhöht den Lernerfolg.

> Durch ein IKZ besteht die Möglichkeit auf Lernpräferenzen der Teilnehmer einzugehen und die Möglichkeit, die Trainingsgruppen optimal zusammen zu stellen. Erfahrene Rückkehrer können dabei als „Assistenten" dienen.

• Ein Knackpunkt liegt in der richtigen Personalauswahl.

> Die interkulturelle Personaldatenbank des IKZ („credit-point-System") ermöglicht einen Überblick über die interkulturelle Kompetenz der Mitarbeiter.

• Der Austausch mit Betroffenen und Rückkehrern ist besonders wichtig.

> Das „Expertennetzwerk" und ein gefördertes Bewusstsein der gemeinsamen Belegschaft fördern diesen kommunikativen Erfahrungsaustausch.

• Viele Probleme verstärken sich im Laufe eines Auslandsaufenthaltes

> Ein Mediator oder zumindest ein ständiger Ansprechpartner im Stammhaus hilft, diese Probleme zu bewältigen. Die Datenbank dient als zusätzliche Informationsquelle und Hilfestellung.

• Oftmals treten Probleme auch nach der Rückkehr auf, es kommt zum Kontra-Kulturschock.

> Die gründliche Vorbereitung der Rückkehr und die Nachbearbeitung durch Interviews verkürzen die Wiedereingewöhnungsphase und gestalten sie leichter.

• Die spezifischen Trainingseinheiten sollten auch der speziellen Arbeitsaufgabe angepasst sein.

> Praxisnahe und aktuelle Informationen dienen der effektiven Vorbereitung auf die genaue Aufgabenstellung und den Kooperationspartner.

• Debriefing bzw. Feedback-Möglichkeiten, gemeinsame Auswertung und Nachbearbeitung sind sehr wichtig.

> Durch die ständige Verfügbarkeit des IKZ für die Mitarbeiter ist dies leicht möglich und kann zu sinnvollen Modifikationen beitragen. Positive wie negative Kritik können geäußert werden, und es besteht jederzeit die Möglichkeit, Fragen zu stellen.

Und „last but not least"...

• Interkulturelle Kompetenz ist eine wichtige persönliche und berufliche Eigenschaft, die hilft, den eigenen Horizont in sozialer und emotionaler Hinsicht zu erweitern.

> Fördert eine Unternehmung diese Kompetenz, steigert es den Wert seiner Belegschaft, was sich sowohl intern wie auch extern bemerkbar machen sollte und so die Wettbewerbsstärke des Unternehmens fördert.

5.8   Vorteile eines interkulturellen Kompetenzzentrums im Unternehmen

Die Vorteile eines IKZ lassen sich unter den folgenden drei Kategorien zusammenfassen:
- Die dauerhafte und durchgängige Verfügbarkeit und die damit verbundene Unabhängigkeit von externen Instituten.
- Die auf die spezifischen Anforderungen angepassten Inhalte der Trainingseinheiten.
- Die kontinuierliche Personal- und Organisationsentwicklung durch den steten Kompetenzaufbau.

• Dauerhafte Verfügbarkeit / Unabhängigkeit
- Zeitlich durchgängige Verfügbarkeit (vor, während und nach der inter-kulturellen Aufgabe).
- Ständige Feedback bzw. Fragemöglichkeit an den „interkulturellen Coach".
- Einfache Kontaktaufnahme bzw. Informationsbeschaffung für Entsandte auch während des Auslandsaufenthaltes (z.B. durch Mediator oder über das Internet).
- Interkultureller Coach hilft auch bei der Reintegration (Wiederanpassungsphase), um einen Kontra-Kulturschock zu vermeiden.
- Zeitliche Unabhängigkeit bezüglich Trainingseinheiten (Mitarbeiter muss keinen kompletten Tag „investieren").
- Daten sind jederzeit und überall individuell über Intranet abrufbar (zur Erinnerung bzw. erneuten Sensibilisierung) – zeitliche und örtliche Unabhängigkeit.

- Unabhängigkeit in Bezug auf Trainingsangebote und externe Trainer.
- Unabhängigkeit in Bezug auf Verfügbarkeit externer Trainings.

• **Spezifizierte Inhalte**
- Selbst generierte Daten sind branchen-, unternehmens- und aufgabenspezifisch.
- Perfekte Abstimmung der Trainingsmodule auf die individuellen Mitarbeiter (Bspw.: Auslandsvorbereitung mit oder ohne Familie, etc.).
- Praxisnahe und aktuelle Informationen (durch ständige Modifikation).

• **Kompetenzaufbau durch kontinuierliche Personal- und Unternehmensentwicklung**
- Dauerhafte Personalentwicklung durch die Bereitstellung von Lerneinheiten über verschiedene Medien („credit-points" / „lebenslanges Lernen").
- Allgemeine Sensibilisierung der gesamten Belegschaft.
- Wichtiger Wissensaustausch mit anderen Betroffenen über das "Expertennetzwerk" wird gestärkt (steigendes Zusammengehörigkeitsgefühl).
- Effektivere Personalauswahl durch das Personalmanagement steigert die Erfolgsquote interkultureller Aufgaben.
- Interne Datensicherung und Aktualisierung (Wissensbewahrung und -aufbau).
- Interner Kompetenzaufbau dank Nachbearbeitung jedes interkulturellen Projektes durch Interviews.

Damit verkörpert ein IKZ viele der am Ende von Teil III aufgeführten Entwicklungslinien hin zum „interkulturellen Management von Morgen" und ist ein großer Schritt hin zum fortschrittlichen Management interkultureller Kompetenz.

Das integrierte Selbstmanagement interkultureller Themenkomplexe fördert die ganzheitliche Sicht und umfasst alle Abteilungen der Organisation. On-the-job-Maßnahmen und die Realisierung und Umsetzung der Trainings sind wichtig für die internationale Personalentwicklung. Durch das antizipatorische Vorgehen kann interkulturelle Kompetenz letztlich dazu dienen Chance zu nutzen und Wettbewerbs-vorteile aufzubauen, anstatt lediglich Risiken und Krisensituationen zu vermeiden.[53]

---

[53] Vgl. Bolton, J.: Interkultureller Trainingsbedarf aus der Perspektive der Problemerfahrungen entsandter Führungskräfte, in: Götz, K. Interkulturelles Lernen / Interkulturelles Training, 2001, S.65 f.

5.9   Aufwendungen für ein IKZ

Ich denke, die zahlreichen zu erwartenden Vorteile eines IKZ's sind deutlich geworden.

Natürlich steht diesen Vorteilen ein erhöhter Aufwand zur Entwicklung, Einführung und Instandhaltung des IKZ gegenüber, und die Frage nach den Kosten dürfte wahrscheinlich als erste gestellt werden, wenn es tatsächlich darum geht, sich mit der Erstellung eines solchen IKZ auseinander zu setzen. Da ich im Rahmen meiner Arbeit lediglich die Ideen eines Modells beschreibe, macht es auch keinen Sinn, hier eine detaillierte und valide Kostenprognose abzugeben, zumal die Umsetzung eines IKZ individuell sehr unterschiedlich aussehen dürfte. Generell ist die Realisierung eines IKZ mit den folgenden Voraussetzungen bzw. Anforderungen verbunden:

- Schaffung einer eigenständigen und verantwortlichen Abteilung (sollte nicht zusätzlich die Personalabteilung belasten)
- Zusätzliches Personal (interkultureller Headcoach, Trainer, Verwaltung, etc.)
- Konzeption und Realisation der Lernmodule
- Erstellung und Pflege der interkulturellen Personaldatenbank
- Erstellung und Pflege der internen Länder-Datenbank
- Erstellung und Pflege des Expertennetzwerks
- Schaffung der technischen Infrastruktur (Computer, Netzwerk, etc.), wenn nicht bereits vorhanden

=> Alles angepasst an den individuellen Bedarf der Unternehmung!

Das ist sicherlich kein geringer organisatorischer und monetärer Aufwand, doch darf der ökonomische Nutzen dabei nicht vergessen werden. Bedenkt man nämlich, welche Konsequenzen ein IKZ mit sich bringt, relativiert sich dieser Aufwand sehr schnell. Durch ein effektives IKZ fallen sowohl direkte als auch indirekte Kosten weg.

Wie in Teil IV der Arbeit aufgezeigt, sind externe Trainings sehr teuer – diese Kosten fallen durch ein IKZ nicht mehr an. Bedenkt man, dass ein Unternehmen wie die Bayer AG jährlich ca. 180 langfristige Entsendungen (3-5 Jahre) und ca. 40 kurzfristige Entsendungen (6-12 Monate) durchführt, wird die Bedeutung dieser Kostenersparnis deutlich.[54] Hinzu kommt, dass durch ein IKZ leicht auch jene Mitarbeiter geschult werden, für die bisher keine

---

[54] Von Bayer Business Services GmbH: Email vom 23.05.2004.

finanziellen Mittel zur Verfügung standen. Auch die Kosten für misslungene Auslandsentsendungen dürften aufgrund einer optimierten Personalauswahl weitaus geringer ausfallen.

Wie bereits in Kapitel 3.6.1 erwähnt dient ein effektives Management interkultureller Kompetenz zudem auch der direkten Gewinnsteigerung durch erhöhte Mitarbeiter-zufriedenheit und Flexibilität und einer resultierenden Produktivitätssteigerung, mehr Kundennähe, der Erschließung neuer Märkte und einer höheren Erfolgsrate bei jeglicher Art interkultureller Zusammenarbeit.

Die Frage nach dem Kosten/Nutzen-Verhältnis eines solchen interkulturellen Managements in Form eines IKZ ist nicht abschließend zu beantworten. Zwar würden sich die Kosten für die notwendigen Maßnahmen relativ genau erfassen lassen, doch fehlt es vor allem an Ansatzpunkten für die Operationalisierung der Nutzenkomponente. „Bevor man [allerdings] nach einer quantitativen Nutzenbestimmung sucht, sollte zunächst eine qualitative Beurteilung vorgenommen werden."[55]

Generell ist angesichts der Notwendigkeit und damit auch der Nutzenstiftung eines IKZ natürlich zu unterscheiden, ob Unternehmen lediglich ab und zu neben ihren inländischen Geschäftstätigkeiten eine Auslandsinvestition durchführen, oder ob das gesamte Operationsgebiet, inklusive Geschäftskonzept, Strategieentwicklung und Führungskonzept international ausgerichtet ist.[56]

Das interne Management interkultureller Kompetenz durch ein IKZ führt zu dauerhaften und nachhaltigen Wettbewerbsvorteilen, davon bin ich überzeugt. Dass solche Vorteile auf einem internationalen Markt von immer größerer Wichtigkeit für den Erfolg eines Unternehmen sind, ist in dieser Arbeit hoffentlich auch deutlich geworden, so dass ich zu dem Schluss komme, dass die Vorteile – sowohl die sozialen als auch ökonomischen – die anfänglichen Aufwendungen schon nach einiger Zeit bei Weitem übertreffen werden.

---

[55] Von Stüdlein, Y.: Management von Kulturunterschieden, 1997, S.389.
[56] Vgl. Dülfer, E.: Internationales Management, 2001, S.5 u. 532.

5.10   Struktur des interkulturellen Kompetenzzentrums und deren Maßnahmen

Die Struktur einer solch neuen Einheit wie dem IKZ dürfte wie erwähnt sehr unternehmensspezifisch ausfallen, könnte aber folgende Personalstruktur aufweisen:

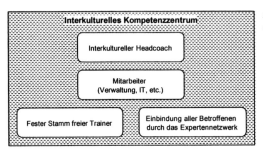

Abb.25: Struktur des IKZ
Quelle: eigene Darstellung

Wichtiger als der eigene strukturelle Aufbau des IKZ ist der des Lernprozesses für die Belegschaft, also die Koordination aller Lernprozesse durch das IKZ.

Dank der Verträglichkeit der gewonnenen Erkenntnisse untereinander, lassen sich diese bestens zu einem Modell kombinieren, auf dessen Basis alle interkulturellen Aktivitäten einer Unternehmung über eine zentrale Stelle, dem IKZ, kontrolliert und koordiniert werden können. In dem Modell sind folgende Kenntnisse der inter-kulturellen Trainingsforschung berücksichtigt:

>   Allgemeine Vorbereitung 3-6 Monate vor der interkulturellen Aufgabe, landesspezifische „Überlebenstips" eher kurz vor der Aufgabe. [57]

>   „Awareness-Rising" vor „Skill-Building"[58]

>   Kulturgenerelle Inhalte vor kulturspezifischen Inhalten[59]

>   Durchgängiger Lernprozess vor, während und nach der interkulturellen Aufgabe[60]

>   „Risikolose" vor „risikoreichen" Trainingsmethoden[61]

---

[57] Vgl. Gudykunst, W.B.: Designing Intercultural Training, o.A. 1996, in: Ladis D. / Bhagat, R.: Handbook of Intercultural Training, 2.Auflage, Thousand Oaks 1996, S.61-80.

[58] Vgl. Wagner + Partner: Wie wird Diversity Management in der Praxis umgesetzt?, (01.06.2004).

[59] Vgl. Götz, K.: Interkulturelles Lernen / Interkulturelles Lernen, 2001, S.37.

[60] Vgl. Götz, K.: Interkulturelles Lernen / Interkulturelles Lernen, 2001, S.65.

[61] Vgl. Kainzbauer, A.: Kultur im interkulturellen Training, 2002, S.31.

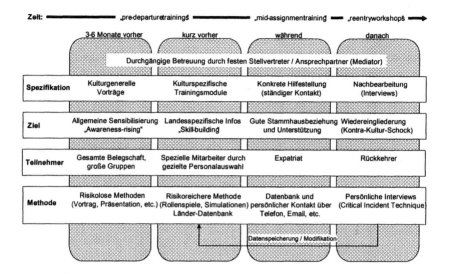

Abb.26: Interne Koordination interkultureller Schulungsmaßnahmen
Quelle: eigene Darstellung

Kurzfristig mag solch eine strukturelle Veränderung in der Praxis nur schwer vollständig realisierbar sein, so dass auch sicher in Zukunft noch auf externe Trainingsangebote zurückgegriffen wird.

Langfristig sollte meiner Meinung nach aber die Integration eines so wichtigen Wettbewerbsfaktors wie der interkulturellen Kompetenz in die Organisation angestrebt werden. Wie jedes Modell muss die Umsetzung letztlich natürlich individuell auf die Besonderheiten (Struktur, Erfordernisse und Kapazitäten) der Unternehmung angepasst werden. Das von mir entworfene Modell eines „interkulturellen Kompetenzzentrums" bzw. der Maßnahmenkoordination ist lediglich ein Konstrukt, das alle mir bekannten Erkenntnisse der interkulturellen Trainingsforschung beinhaltet und in einen Zusammenhang stellt. Dieser theoretische Rahmen kann als Orientierung bei der Entwicklung eines unternehmensspezifischen Modells dienen und so die Planung für eine Umsetzung fördern und unterstützen.

5.11 Schlusswort

Der Schritt der tatsächlichen Umsetzung setzt ein verstärktes Bewusstsein für die Relevanz von interkultureller Kompetenz voraus, zu dem ich durch meine Arbeit hoffentlich ein kleines Stück beigetragen habe.

Letztlich steht am Ausgangspunkt der Umsetzung von Maßnahmen zur Förderung interkultureller Kompetenz immer ein erhöhter Aufwand, der zunächst abschreckend wirkt. Es gilt sich aber auch die Potentiale vor Augen zu halten, aus denen letztlich sehr viel Wertsteigerung generiert werden kann.

Gerade aufgrund der gegenwärtigen Generationen von Führungskräften gilt die kontinuierliche interkulturelle Organisationsentwicklung heute noch als Vision[1], doch auch Visionen wollen verwirklicht werden. Interkulturelle Kompetenz zu erlangen, zu bewahren und auszubauen ist sicherlich kein einfaches, dafür aber ein lohnenswertes Unterfangen – man muss es nur wollen!

Ich denke, der in dieser Arbeit geschaffene Überblick über die Thematik der inter-kulturellen Kompetenz zeigt, dass diese komplexe Kompetenz gerade in dem durch die Globalisierung veränderten Umfeld im Geschäftleben eine entscheidende Rolle einnimmt, „[...] ohne die man weder das Leben noch Geschäfte führen kann."[2]

Auf viele Probleme bezüglich des Erwerbs von interkultureller Kompetenz „gibt [es] keine universellen Antworten, aber es gibt universelle Fragen und Probleme, und das ist der Punkt, an dem wir alle anfangen müssen."[3]

---

[1] Vgl. Bolton, J.: Interkultureller Trainingsbedarf aus der Perspektive der Problem-erfahrungen entsandter Führungskräfte, in: Götz, K. Interkulturelles Lernen / Interkulturelles Training, 2001, S.76.
[2] Von Trompenaars, F.: Handbuch Globales Managen, 1993, S.251.
[3] ebenda

5.12 Nachtrag - Die Rolle der Medien bei der Verbreitung von multikulturellem Verständnis

Obwohl die Arbeit bereits ihren Abschluss gefunden hat, liegt es in meinem persönlichen Interesse als zukünftiger Diplom-Medienwirt noch diesen Nachtrag über die Rolle der Medien bei der Verbreitung eines grundsätzlichen multikulturellen Verständnisses zu bringen. Wie jüngste politische Ereignisse leider immer wieder beweisen, wird die Menschheit von einer Anzahl von Katastrophen heimgesucht, die vor allem menschlicher Natur sind. Bezüglich vieler Dinge sind die Menschen aufgrund ihrer kulturellen Werte eher unterschiedlicher als gleicher Meinung, was zu Konflikten führt. Gerade wenn es darum geht, die Weltbevölkerung über solche weltumfassenden Probleme zu informieren, haben die Medien großen Einfluss.

Medienleute wie Journalisten, Reporter, Radio- oder Fernsehleute spielen eine besonders wichtige Rolle dabei, die Grundlagen für ein multikulturelles Verständnis zu legen. Massenmedien wie Fernsehen, Zeitungen oder Internet können durch die weitreichende Informationsverbreitung leicht zu einer Bewusstseinsbildung beitragen. Sie können durch die Art und Weise ihrer Informationswiedergabe ein Bild der Realität schaffen, das in den Augen der Menschen zur Realität wird. Ein Großteil der Menschen macht sich ein Bild von einer anderen Kultur über das Fernsehen oder die Zeitung.

So positiv diese „Macht" genutzt werden kann, so gefährlich ist sie auch. Das Problem liegt darin, dass auch Medienleute nur Menschen sind. Sie haben eigene kulturelle Werte, die eine Darstellung anderer Kulturen prägen. Zudem sind sie davon abhängig der Öffentlichkeit zu zeigen, was diese sehen bzw. hören will. Außerdem werden heute viele Medieninhalte einfach eingekauft, so dass man keinen eigenen Einfluss auf deren Inhalt hat. So können Medienleute eine Schwarzweißmalerei bestärken oder aber versuchen, das Denken, Fühlen und Handeln fremdkultureller Menschen in ihrem Beitrag zu reflektieren.

Letztlich sind die Auswahl und die Präsentation von Informationen entscheidend und sollten genutzt werden, um ein gemeinschaftliches Zusammengehörigkeitsgefühl oder aber zumindest das Verständnis und die Akzeptanz kultureller Vielfalt zu stärken.[4]

---

[4] Vgl. Hofstede, G.: Lokales Denken, globales Handeln, München 2001, S.343 f.

Literaturverzeichnis

Bücher

Achtenhagen, F. / Lempert, W.: Lebenslanges Lernen, Göttingen – Berlin, 1999.

Adler, N.: International Dimension of Organizational Behaviour, Boston 1991.

Argyris, C. / Schön, D.: Die lernende Organisation, Stuttgart 1999.

Argyris, C. / Schön, D.: Organizational Learning – a Theory of Action Perspective, Massachusetts 1978.

Bartlett, C.C. / Goshai, S.: Managing across boarders – the transnational solution, 2.Auflage, Boston 1998.

Baumer, T.: Handbuch Interkulturelle Kompetenz – Anforderungen, Erwerb und Assesment, Bd. 2, Zürich 2004.

Bea, F.X. / Haas, J.: Strategisches Management, 3. Auflage, Stuttgart 2001, S.15-17 u. 511.

Bennett, M.J.: Towards Ethnorelativism – A development model of intercultural sensitivity, in: Paige, M. R.: Education for the intercultural experience, Yarmouth 1993.

Bergemann N. / Sourisseaux, A.L.J.: Interkulturelles Management, Heidelberg 1992.

Bergmann, A.: Interkulturelle Managemententwicklung, Bern – Stuttgart - Wien 1993.

Bolton, J.: Interkulturelle Kompetenz, Erfurt 2001.

Brishin, R. / Yoshiba, T.: Intercultural Communication Training: an Introduction, London 1994, S.194.

Brunner, J.: Value Based Performance Management, Wiesbaden 1999.

Casimir, F. / Àsunción-Lande, N.: Intercultural Communication, o.A. 1989.

Dülfer, E.: Internationales Marketing in unterschiedlichen Kulturbereichen, 6. Auflage, München - Wien 2001, S.108-570.

Edvinsson, L. / Brüning, G.: Aktivposten Wissenskapital, Wiesbaden 2000.

Geistmann, C.: Erfolg durch interkulturelle Kompetenz, Nürnberg 2003.

Geistmann, C.: Interkulturelle Kompetenz – eine wichtige und förderbare Fähigkeit in der internationalen Zusammenarbeit, Univ. Diss., Erlangen – Nürnberg 2002.

Gensicke, H.: Prozessbegleitende Projektarbeit als Weg zum Wissensmanagement und zur lernenden Organisation, Diss., Schriftenreihe des IFU, Aachen 2002, S.16-20.

Gesteland, R.: Global Business Behaviour, München 2002.

Götz, K.: Interkulturelles Lernen / Interkulturelles Training, 5. Auflage, München 2001.

Gudykunst, W.B.: Designing Intercultural Training, o.A. 1996.

Hall, E. / Hall, M.: Verborgene Signale – Studie zur internationalen Kommunikation, Hamburg 1984.

Hofstede, G.: Interkulturelle Zusammenarbeit: Kulturen – Organisationen – Management, Wiesbaden 1993.

Hofstede, G.: Lokales Denken, globales Handeln – interkulturelle Zusammenarbeit und globales Management, 2. Auflage, München 2001.

Hofstede, G.: Lokales Denken, globales Handeln, München 1997.

Holden, G.: Cross-cultural Management – A knowledge management perspective, Harlow 2002.

Kainzbauer, A.: Kultur im interkulturellen Training, Frankfurt - London 2002.

Kirsch, W.: Die Führung von Unternehmen – Münchener Schriften zu angewandten Führungslehre, Universität München, 5. Auflage, München 2001, S.398-406.

Klußmann, J.: Interkulturelle Kompetenz und Medienpraxis, Frankfurt 2004.

Koch, E.: Globalisierung der Wirtschaft – Über Weltkonzerne und Weltpolitik, München 2000, S.1-10.

Ladis D. / Bhagat, R.: Handbook of Intercultural Training, 2.Auflage, Thousand Oaks 1996.

Laurent, A.: Relationship between Culture and Management, o.A. 1991.

Maletzke, G.: Interkulturelle Kommunikation – Zur Interaktion zwischen Menschen verschiedener Kulturen, Opladen 1996.

Moosmüller, A.: Kulturbegriff – Die Schwierigkeit mit dem Kulturbegriff in der interkulturellen Kommunikation, Münster 2000.

Moosmüller, A.: Kulturen in Interaktion, Band 4, Münster - New York – München - Berlin 1997.

Paige, M. / Martin, J.: Ethics in Intercultural Training, o.A. 1996.

Pausenberger, E. / Noelle, G.F.: Entsendung von Führungskräften in ausländischen Niederlassungen, o.A.1994.

Perlitz, M.: Internationales Management, 4. Auflage, Jena - Stuttgart 2000.

Perlitz, M.: Internationales Management, Jena - Stuttgart 1993.

Prange, C.: Organisationales Lernen und Wissensmanagement, Wiesbaden 2001.

Reineke, R. / Fussinger, C.: Interkulturelles Management – Konzeption, Beratung, Training, Wiesbaden 2001.

Roth, K.: Mit der Differenz leben – Europäische Ethnologie und interkulturelle Kommunikation, Münster 1996, S.253-257.

Rothlauf, J.: Interkulturelles Management, 2.Auflage, München - Wien 1999, S.V-41.

Stahl, G.: Internationaler Einsatz von Führungskräften, München - Wien 1998.

Stich, M.: Interkulturelle Kompetenz – Management von Erwerb und Transfer in der Unternehmung, Arbeitspapier zur Schriftenreihe Schwerpunkt Marketing, Hrsg. Meyer, P.W. / Meyer, A., Bd. 142, München 2003.

Stüdlein, Y.: Management von Kulturunterschieden – Phasenkonzept für internationale Allianzen, Wiesbaden 1997, S.317-344.

Thomas, A.: Kulturvergleichende Psychologie - Eine Einführung, Hofgrefe – Göttingen 1993.

Thomas, A.: Kulturstandards – Analyse der Handlungswirksamkeit von Kulturstandards, Göttingen 1996.

Thomas, A.: Psychologie interkulturellen Handelns, Göttingen - Bern - Toronto - Seattle 1996, S.286-300 u. 411 ff.

Trompenaars, F.: Handbuch Globales Managen – wie man kulturelle Unterschiede im Geschäftsleben versteht, Düsseldorf - Wien - New York - Moskau 1993.

von Rosentiel, L. / Pieler, D.: Strategisches Kompetenzmanagement, Wiesbaden 2004, S.237 – 250.

Wierlacher, A.: Kulturthema Fremdheit – Leitbegriffe und Problemfelder kulturwissenschaftlicher Fremdheitsforschung, München 1993, S.257-281.

Wolf, P.: Managementkompetenz – Erfolgsmessung der Einführung von Wissensmanagement, Schriftenreihe Managementkompetenz, Bd. 4, Münster 2003, S.54-60.

──────────────────────────── **Zeitschriften** ────────────────────────────

Bittner, A.: Cross-culture makes the world go around - Interkulturelles Management, in: Manager-Seminare, Nr.11, 04/1993, S.39-45.

Black, S. / Gregersen, H.: The Right Way to Manage Expats, Harvard Business Review, 04/1999, S.53.

Buchholz, S. / Sommer, C.: Lässt sich Wissen globalisieren?, in: Brandeins – Wirtschafts-magazin, Jg. 53, Heft 05, Juni 2001, S.110 – 114.

Diller, H. / Ivens, B.: Beziehungsstile im Business-to-Business-Geschäft, in: ZfB – Zeitschrift für Betriebswirtschaft, Jg. 74, 03/2004, S.249-271.

Goleman, D.: Emotionale Intelligenz – zum Führen unerlässlich, in: Harvard Business Manager, Jg. 21, 03/1999, S.27-36.

Graf, A.: Interkulturelle Kompetenz als Herausforderung, Personal – Zeitschrift für Human Ressource Management, Heft 06, 06/2003, S.26-29.

Hofstede, G.: Cultural Differences in Teaching and Learning, in: International Journal of Intercultural Relations, Vol.10, S.301.

Ivanova, F. / Hauke, C.: Managing Diversity – Ergebnisse einer repräsentativen Unternehmensbefragung, Personal – Zeitschrift für Human Resource Management, Jg. 55, 07/2003, S.12-13.

Jäger, W.: Analysten entdecken das Humankapital, Personalwirtschaft, 12/2002, S.16.

Krogh, G. / Kröhne, M.: Der Wissenstransfer in Unternehmen, in: Die Unternehmung, Jg. 52, 06/1998, S.237.

Lotter, W. / Sommer, C.: Einmal große Welt und zurück, in: Brandeins - Wirtschaftsmagazin, Jg. 03, Heft 05, Juni 2001, S.73-91.

Nefzer, S.: Herausforderung des Weltmarktes, in: Wirtschaft & Weiterbildung, Nr. 07, 07/2000, S.14-17.

Palumbo, E.: Interkulturelle Kompetenz – ein unklarer Begriff?, in: Politische Studien, Jg. 53, Heft 383, 06/2002, S.72-76.

Perlmutter, H.: The Tortuous Evolution of the Multinational Corporation, in: Columbia Journal of World Business, Vol. 4, o.A. 1969, S.9-18.

Probst, G. / Raub, S.: Wissensmanagement, 1998, S.134, in: Zeitschrift für Organisation, Jg. 67, 03/1998, S.132–137.

Stoessel, A.: Marktübersicht Interkulturelles Training, in: management & training, 12/2000, S.16-19.

Thienel, S.: Asiatische Ansichten, in: Focus-Money – das moderne Wirtschaftsmagazin, Nr. 25, 06/2004.

Thornhill, A.R.: Management Training across cultures: the challenge for trainers, in: Journal of European Industrial Training, Nr.17, 07/1993.

Venzin, M.: Knowledge Management, in: CEMS Business Review, Vol. 2, 1998, S.205-210.

Zander, E.: Internationales Personalmanagement, in: Personal – Zeitschrift für Human Ressource Management, Jg. 55, 06/2003.

ZfbF – Zeitschrift für betriebswirtschaftliche Forschung, Jg. 29, 1977, S.359-365.

─────────────────────────── **Zeitungen** ───────────────────────────

Deckenbach, K.: Ein Brief aus Bangkok, in: Frankfurter Rundschau vom 14.12.91, Nr. 291, S.22.

Grimm, K.: Internationale Kompatibilität, in: Frankfurter Allgemeine Zeitung – Bildung & Karriere vom 09.06.2004, Nr.132, S.B3.

─────────────────────────── **Skripte** ───────────────────────────

Jäger, W.: Skriptum zur Vorlesung Unternehmensführung II, FH Wiesbaden FB 09, WS 03.

Martin, M.: Skriptum zur Vorlesung Unternehmensführung I, FH Wiesbaden FB 09, WS 03

─────────────────────────── **Unternehmensbroschüren** ───────────────────────────

Ford Diversity Broschüre: Ford-Werke AG: Diversity – Vielfalt als Stärke, Köln 2002.

Jablonski, H. (Diversity Manager, Ford-Werke AG): FordDiversity – Diversity als Stärke, 01.12.2003.

Cifa crossculture: Globales Geschäft – Jahresprogramm 2004

─────────────────────────── **Internet** ───────────────────────────

ARCHmatic-Glossar und –Lexikon: Das Internet macht das Lernen billiger, www.glossar.de/glossar/1frame.htm?http%3A//www.glossar.de/glossar/z_cbt.htm, (08.06.2004).

Barcelona Relocation Services - Cross Cultural Training: www.barcelona-relocation.com/de/CrossCultural.htm, (02.05.2004).

Bildungsverlag EINS: Web Based Training, www.bildungsverlag1.de/aktuell/aktuell_wbt.asp, (10.06.2004).

Bong, H-D.: Ausbildung in der Migrationsgesellschaft, www.wzl.rwth-aachen.de/ingenieurausbildung/Publikationen /divbocholt3_1.pdf, (15.04.2004).

Chong, L-C.: The Extra-Ordinary Economies of Cross-cultural Management and the Requisite Managerial Competencies – Focus on East Asia, www.lim.ethz.ch/lehre/InternationalMgmtAsia/Economies/Cross-CulturalManagament, (09.05.2004).

Christen, C.: Globalisierung und Beschäftigung, Wirtschaftspolitisches Diskussionspapier Nr. 2, 12/2000, www.labournet.de/diskussion/wipo/globaldeb2.html, (16.04.2004).

Cross-Culture Communication - Consulting-Training-Coaching GbR: www.cross-culture-communication.com/ge/ fakten.htm, (29.04.2004).

Dorow, W. / Schröder, H. / Wittmann, R.: Akkulturation und Kulturschock, 04/2000, www.sw2.euv-frankfurt-o.de/VirtuLearn/hs.sommer00/iwk/luento.1.html, (11.05.2004).

E-teaching@university: CBT und WBT, www.e-teaching.org/technik/aufbereitung/cbt%20und%20wbt, (07.06.2004).

FBMA - Fachverband für Führungskräfte aus Hotellerie und Gastronomie Stiftung: www.fbma.de/Kaizen/definiti.htm, (12.05.2004).

IFIM - Institut für Interkulturelles Management: www.ifim.de/faq/faq-auswahl.htm, (13.05.2004).

IFIM - Institut für Interkulturelles Management: Welteinheitskultur - Das abrupte Ende einer Illusion, April 2003, www.ifim.de/aktuell/news, (21.04.04).

Leitl, M.: Was ist Diversity Management, www.managermagazin.de/harvard/0,2828,275302,00.html, (27.04.2004).

Naumann, M.: Editorial des Staatsministers – der Dialog der Kulturen, www.magazin-deutschland.de/content/archiv/archiv-ger/00-03/art1.html, (01.05.2004).

Obermeier, B.: Diversity Managament – Vielfalt bereichert, www.jobpilot.de/content/journal/hr/thema/ diversity51-02.html, (27.04.2004).

PriceWaterhouse: www.cross-culture-communication.com/ge/zahlen.htm., (12.05.2004).

Reppert, I.: Chinesischkurs, Kofferpacken, los!, in: Financial Times Deutschland vom 18.10.2002, in: www.cross-culture-communication.com/ge/zahlen/htm, (20.05.2004).

v. Weiszäcker, E.U.: infopool: Was ist Globalisierung und wie erklärt sie sich?, www.globalisierung-online.de/info/text2.php, (16.04.2004).

Wagner+Partner diversity training: Detaillierte Definition von Diversity Management, www.diversitytraining.at/sitemap/ thema_diversity.html, (13.06.2004).

Walther, K.: Das Ende der Monokultur – die Zauberformel für Gewinnsteigerung: Diversity Management, www.siegessaeule.de/magazin/12_03/index_diversity_management.html, (01.05.2004).

Weinbrenner, P.: Schriften zur Didaktik der Wirtschafts- und Sozialwissenschaften, Nr. 33, Universität Bielefeld, S.3, www.learn-line.nrw.de/angebote/uekontaktschulen/medio/Entwicklung/didak_doc/WeinSzenario. pdf, (07.05.2004).

──────────────── **Online PDF** ────────────────

IFIM - Institut für Interkulturelles Management GmbH, Presse-Service 2/2000, www.ifim.de.

IFIM - Institut für Interkulturelles Management GmbH, Presse-Service 4/2000, www.ifim.de.

IFIM - Institut für Interkulturelles Management GmbH, Presse-Service 1/2003, www.ifim.de.

IFIM - Institut für Interkulturelles Management GmbH, Presse-Service 3/2003, www.ifim.de.

Qualifier: E-Learning - Veränderungsmanagement mit aktuellen Werkzeugen, Nr.11, 12/2000, http://w4.siemens.de/de2/html/press/edesk/2001/adhm_042_01pdf.pdf, (08.06.2004).

──────────────── **Interview / Telefon / Email** ────────────────

Aller, B. (Deutsche Bank AG): Graduate Recruitment & Training, Email vom 28.05.2004.

Becker, C. (DaimlerChrysler AG): Statement zu Diversity-Maßnahmen bei DaimlerChrysler, Email vom 12.05.2004.

Gibson, R. W. (Siemens AG Learning Campus - Intercultural Competencies): persönliches Telefonat, Dreieich, 09.06.2004, 11:30 Uhr.

Klingenfeld, S. (interkultureller Trainer - Compart3): persönliches Telefonat, Dreieich, 03.06.2004, 16:30 Uhr.

Kopp, W. (Director Head of ENG Project Management eines international ausgerichteten deutschen Großunternehmens): persönliches Interview, Köln, 16.05.2004, 16:00 – 18:00 Uhr.

Schmidt (IFIM – Institut für Interkulturelles Management): persönliches Telefonat, Dreieich, 27.05.04, 14:00 Uhr.

Anhang I ————————————————————————————————

Interview mit Dr. Wilfried Kopp

(Director – Head of ENG Project Management eines international ausgerichteten deutschen Großunternehmens)

Datum: 16.05.2004
Zeit: 16:00 – 18:00 Uhr
Ort: Köln

• Welche internationalen bzw. interkulturellen Erfahrungen haben Sie bisher in Ihrer beruflichen Laufbahn gemacht?

Der erste Aufenthalt, bei dem ich mich erstmals in einer fremden Umgebung zurechtfinden musste, war ein 8-wöchiges Praktikum während meines Studiums bei der Firma Nordsee in Bremerhafen. Die erste internationale Erfahrung sammelte ich bei einem 3-monatigem Praktikum in den Goldminen von Südafrika. Das waren schon in sehr früher Zeit sehr wichtige Erfahrungen hinsichtlich des Erfordernisses, sich in einer fremden Kultur zurecht zu finden. Dies geschah noch ohne jede Art von Vorbereitung zu dieser Zeit.

Beruflich folgten in den letzten 12 Jahren ein 4,5 jähriger Aufenthalt in England mit Familie, später ein halbjähriger Aufenthalt in den USA ohne Familie und dann noch mal ein eineinhalb jähriger Aufenthalt in Thailand wieder mit Familie.

• Wie haben Sie sich auf die interkulturelle Zusammenarbeiten bzw. die Auslandsentsendungen vorbereitet?

Besonders bei dem Thailand-Aufenthalt wurde ich intensiv vorbereitet, inklusive eines interkulturellen Trainings mit Partner. Bei dem Aufenthalt in England habe ich eine Sprachschule vor Ort besucht, in der Stadt, in der wir später lebten. Dieser Sprachkurs selbst und auch das Kennenlernen des Lehrers waren ein erster wichtiger Schritt, ein kulturelles Verständnis für die Briten zu erlangen. Dadurch gelang die Integration schnell und dies war auch sehr wichtig, denn in England war ich der einzige Deutsche unter den Briten. Oft ist bei der Entsendung mehrerer Kollegen in das gleiche Land zu beobachten, dass diese viel gemeinsam unternehmen und auch außerhalb der Arbeitszeit zusammen sind. Dies ist nachvollziehbar, kann aber dem Erlangen kulturellen Verständnisses im Wege stehen. Eine tatsächliche Integration in die Kultur erfolgt so nur sehr schwer und ist teilweise fast unmöglich, wenn Sprachhindernisse erschwerend dazu kommen.

• Hatten diese Vorbereitungen ihrer Meinung nach einen positiven Effekt?

Absolut. Man wird vor Allem für eine wichtige Thematik und Problematik sensibilisiert über die man sich sonst vielleicht gar nicht so im Klaren ist und die man sonst erst erfahren würde, wenn man wirklich vor Ort auf kulturelle Barrieren und Hindernisse stößt.

• Hätten Sie sich im Nachhinein eine andere oder umfangreichere Vorbereitung gewünscht?

Eine Vorbereitung kann natürlich nie umfangreich genug sein. Gerade bei dem US-Aufenthalt wäre eine intensivere Vorbereitung nicht schlecht gewesen, damals fehlte die Zeit dazu. Vieles musste man vor Ort lernen, wie zum Beispiel einige typische Verhaltensweisen. Da hätte ich mir eine intensivere Vorbereitung gewünscht, weil man gerade die USA betreffend meint, einiges bereits zu kennen. Man muss dann allerdings besonders aufpassen, dass man sich selbst nicht überschätzt, denn plötzlich steht man vor unvorhergesehenen Situationen, aus denen man dann das Beste machen muss.

• Wurde Ihre Familie auch ausreichend auf den Auslandsaufenthalt vorbereitet? Wenn Ja, wie?

Ja, beim Thailand-Aufenthalt war meine Frau ebenfalls bei den Seminaren mit dabei und darüber hinaus haben wir uns natürlich gemeinsam mit dem Thema intensiv beschäftigt. Auch der gemeinsame Sprachkurs in England zusammen mit meiner Frau war ein expliziter Wunsch von mir.

• Hatten Sie Probleme bei der Reintegration, also der Wiedereingewöhnungsphase nach dem Auslandsaufenthalt?

Ich glaube, dass ich persönlich ein sehr realistisches Bild hatte über das, was nach dem Auslandsaufenthalt folgen wird. Es gibt aber das grundsätzliche Problem, dass zu hohe Erwartungen in den Auslandsaufenthalt hineingelegt werden in Form von Karrieresprüngen, die sich dann so nicht ergeben. In meinem Fall wurden die Erwartungen erfüllt. Von großen Problemen möchte ich daher nicht sprechen, weil ich immer recht gut wusste, was mich hinterher wieder erwartet. Aber nach einem solchen Aufenthalt fängt immer wieder ein neuer Lebensabschnitt an; darauf muss man vorbereitet sein.

• Welchen Stellenwert nimmt „interkulturelle Kompetenz" für Sie ein?

Interkulturelle Kompetenz nimmt für mich einen sehr hohen Stellenwert ein. Ich denke, es ist ein ganz wichtiges Kriterium um international erfolgreich zu sein. Um auf internationalen Märkten erfolgreich zu agieren, muss man verstehen, wie die Menschen dort arbeiten. Es gilt zu erkennen, wie die Menschen aufgrund ihres kulturellen Hintergrundes Denken und Handeln.

Aus meiner persönlichen Erfahrung liegt die Kunst darin, sehr aufmerksam zuzuhören und zu beobachten und unbedingt zu vermeiden auf vorschnellen Meinungen oder Vorurteilen basierend zu agieren und gar nicht zu merken, wie man auf kulturelle Barrieren stößt, die Erfolge letztendlich verhindern.

• Dass Ihr Unternehmen international tätig ist, steht ja außer Frage – würden Sie auch die Belegschaft, also Ihre Kollegen, als international bzw. kulturell heterogen bezeichnen?

Absolut. Es gibt eine Reihe von Veranstaltungen, an denen ich teilnehme, bei denen Vertreter aus allen Regionen der Welt zusammen kommen. Das Unternehmen ist international in mehr als hundert Ländern rund um den Globus präsent. Ich selbst habe teilweise internationale Verantwortlichkeiten, bei denen ich kompetente Kollegen in USA, China oder Thailand habe und mit denen ich ständig kommuniziere. Es gibt einen permanenten Austausch von Mitarbeitern. Das sind die so genannte „Expast", Mitarbeiter die ins Ausland gehen, aber auch „Inpats", also Mitarbeiter die aus dem Ausland für einige Monate oder Jahre hier nach Deutschland kommen. Diese müssen letztlich neben dem zwischenmenschlichen Aspekt auch unsere Firmenkultur verstehen, um dann schließlich die kulturellen Erfahrungen wieder zurück mit in ihr Entsendungsland nehmen zu können.

• Unternimmt das Unternehmen etwas, um diese Vielfältigkeit in der Belegschaft zu nutzen bzw. zu fördern?

Ja, es gibt eine Fülle von „Job-Rotation" auch auf internationaler Basis, wo ein Stellenaustausch stattfindet, also Mitarbeiter beispielsweise aus USA oder asiatischen Staaten nach Deutschland kommen und im Gegensatz Mitarbeiter in diese Staaten entsendet werden. Es werden gezielt Mitarbeiter hierher versetzt, um die Kultur unserer Gesellschaft zu erlernen oder zu verstehen und um auf gewisse Aufgaben vorbereitet zu werden.

Anhang II ————————————————————————————————————

Auszüge aus Antworten auf Anschreiben an verschiedene Unternehmen bezüglich der Relevanz interkultureller Kompetenz in dem jeweiligen Unternehmen

Hewlett-Packard GmbH

"Wir sind der Meinung, dass interkulturelle Kompetenz zunehmend an Bedeutung gewinnt und setzen uns als internationales Unternehmen bereits seit vielen Jahren mit diesem Thema auseinander.

Diversity und Integration stellen für uns die Hauptantriebskraft für Kreativität, Innovation und Erfindungsgeist dar und sind auch Teilkomponente der Schulungsmaßnahme, die jeder Mitarbeiter unseres Unternehmens durchläuft."

Ernst Reichart
Geschäftsführer
Personal- und Sozialwesen

Linde AG

„Wir haben auf allen Ebenen einen intensiven Austausch zwischen Mitarbeitern aus vielen verschiedenen Regionen der Welt.

Eine weitere Erhöhung des Internationalisierungsgrades, speziell bei den Führungspositionen wird angestrebt. Auch Projekte besetzen wir möglichst international. Um als multi-nationales Unternehmen wie die Linde AG für den globalen Wettbewerb gerüstet zu sein, erscheint uns der Erwerb von "Interkultureller Kompetenz" - wie Sie sie in Ihren Erläuterungen erwähnen - ein wichtiger Erfolgsfaktor zu sein."

Sebastian Reichel
Corporate Responsibility
Linde AG
Corporate Communications

Nestlé Deutschland AG

„Interkulturelle Kompetenz ist sicherlich ein nicht zu vernachlässigender Faktor für die Wettbewerbsfähigkeit im internationalen Kontext, auch wenn sie bei der Nestlé Deutschland AG bisher nicht explizit als erfolgsentscheidender Faktor auf Unternehmensebene hervorgehoben wurde. Im weltweiten Nestlé Konzern dürfte die interkulturelle Kompetenz eine entscheidendere Rolle spielen als auf nationaler Ebene.

Als Koordinatorin der Auslandsentsendungen bei der Nestlé Deutschland AG bin ich mir der wesentlichen Rolle interkultureller Kompetenz auf persönlicher Ebene selbstverständlich bewusst. Sie ist ein entscheidender Faktor für das Gelingen oder Scheitern einer Auslandsentsendung. Wir bieten unseren Kandidaten für eine Auslandsentsendung im Bedarfsfall interkulturelle Trainingsmöglichkeiten an. Das geschieht jedoch offen gesagt noch sehr selten. Man könnte es neben der Reintegration der Expatriates als eine unserer Baustellen bezeichnen."

Anna Sperling
Nestlé Deutschland AG
ND-PFE International Human Resources

DaimlerChrylser AG

„Als international agierendes Unternehmen sehen sich unsere Führungskräfte und Mitarbeiter tagtäglich mit den verschiedensten Kulturen konfrontiert. Als Schlüssel zum Erfolg erweist sich daher immer mehr der professionelle Umgang mit den kulturellen Unterschieden, sowie die Fähigkeit, unterschiedliche Denk- und Handlungsweisen zu erkennen und zu verstehen. Durch interkulturelle Trainings und Beratungsleistungen im Team Human Ressources Development in der Abteilung EMD/I begleiten wir daher Führungskräfte und Mitarbeiter im Unternehmen bei ihrem internationalen Einsatz."

Carmen Becker
DaimlerChrysler AG
Executive Management Development/International Transfer Center (EMD/I)

Anhang III ————————————————————————————————————

Fact-Sheets der Do's and Dont's in Australien

(Quelle: Bolton, J.: Interkulturelles Verhandlungstraining, deutsche Version 2.0, Sternenfels 2002 – INTERACT-Trainingsordner)

Australia

DO'S

• Be patient.

• Expect to be treated casually (e.g. by use of first names).

• If you're at the pub with a group of friends, make sure you shout them a round of drinks.

• Take the time to smile and say hello to people you know, and stop for a chat.

• Say "sorry", if you accidentally bump into somebody (e.g. at the supermarket).

• Give people at least a metre personal space.

• Expect people to be sarcastic or cynical (or be ware that the opposite of that which is said really meant).

• Use as many abbreviated words as possible in order to be understood and accepted (e.g. "Chrissie instead of "Christmas", "prezzie" instead of "present", "Barbie" instead of "Barbecue", etc.).

• When speaking to two people who do not know each other, make sure you introduce them.

DON'TS

• Don't criticise Australia or the Australian accent.

• Don't stand on ceremony or expect formality.

• Don't be arrogant or a snob.

• Don't take yourself to seriously.

• Don't whinge or complain.

• Don't mistake an Australian for a New Zealander (or vice versa).

• Don't turn down an invitation to a barbecue (and don't forget to bring your own alcohol).

• Don't push in if you are waiting to be served (e.g. in a post office), even if you are in a hurry.

Anhang IV ──

Tagesablauf – interkulturelles Seminar

(Quelle: cifa – crossculture, www.cifa-crossculture.de, 06.07.2004)

Interkulturelles Training China (Dauer: 2 Tage)

Ziele

- Chinesische Denk- und Verhaltensweise verstehen
- Effektiv mit Chinesen kommunizieren
- Missverständnisse als solche erkennen und vermeiden
- Konfliktpotenzial minimieren und erfolgreich zusammenarbeiten
- Verhandlungen optimieren

Methoden

- Vortrag mit Präsentationsmaterialen
- Rollenspiele und Impulsgespräche
- Gruppenarbeit und critical incidents
- Individuelle Fallstudien
- Moderierte Diskussion und Erfahrungsaustausch

Programm Tag 1

9.00 Uhr	**Begrüßung, Vorstellungsrunde**
9.30 Uhr	**Kultur - Kommunikation - Kooperation** Kurze Einführung in internationales Managment und die vielen Gesichter der interkulturellen Kompetenz
10.45 Uhr	**Kaffeepause**
11.00 Uhr	**China - Land und Leute** Chinesische Kulturstandards, die das Geschäftsleben prägen
13.00 Uhr	**Mittagessen**

14.00 Uhr	**Aufbau einer erfolgreichen Geschäftsbeziehung**
	Kommunikationsregeln in Verhandlungen, Präsentationen und
	Meetings
15.45 Uhr	**Kaffeepause**
16.00 Uhr	**Projektmanagement**
	Umgang mit Terminen, Planen und Teamarbeit
18.00 Uhr	**Abendessen**
19.00 Uhr	**Gesprächsrunde**
	Erfahrungsaustausch und Tipps für das Tagesgeschäft und das
	Alltagsleben

Programm Tag 2

9.00 Uhr	**Politik und Wirtschaft in China**
	Exkurse zu interkulturellem Marketing, Produktpiraterie und Messen
10.00 Uhr	**Zusammenarbeit mit chinesischen Kollegen und Mitarbeitern**
	Führungsstil, Delegation und Motivation
11.45 Uhr	**Kaffeepause**
12.00 Uhr	**Konfliktmanagement**
	Unterschiedliches Kommunikationsverhalten im Konfliktfall
13.00 Uhr	**Mittagessen**
14.00 Uhr	**Konfliktmanagement**
	Das Kritikgespräch
15.30 Uhr	**Kaffeepause**
15.45 Uhr	**Verhandlungsführung**
	Strategien, Taktiken und Vertragsverhältnis
16.45 Uhr	**Abschlussdiskussion und Seminarauswertung**
17.15 Uhr	**Seminarende**

Suk-Geoung Han

Ausdrucksformen und Funktionen nonverbaler Kommunikation in interkulturellen Begegnungssituationen

Eine empirische Analyse deutsch-koreanischer Kommunikation

Frankfurt am Main, Berlin, Bern, Bruxelles, New York, Oxford, Wien, 2004.
242 S., 70 Abb.
Europäische Hochschulschriften: Reihe 40, Kommunikationswissenschaft und Publizistik. Bd. 87
ISBN 3-631-52897-3 · br. € 42.50*

Nonverbale Kommunikation stellt eine äußerst wichtige Informationsquelle dar. Für die reibungslose Kommunikation in interkulturellen Situationen ist über das Sprachenlernen hinaus auch eine Kenntnis der Mentalität notwendig, die sich meistens weniger in Worten als vielmehr in der nonverbalen Kommunikation äußert. Die Verfasserin zeichnet anhand einer Systematisierung der bisher entwickelten wissenschaftlichen Ansätze und mit Hilfe von videogestützten Gesprächsanalysen ein Bild des unterschiedlichen nonverbalen Kommunikationsverhaltens zwischen Koreanern und Deutschen. Die kulturdeterminierten Unterschiede werden herausgearbeitet. Dadurch wird eine Sensibilisierung zur Verhinderung möglicher Mißverständnisse erleichtert.

Aus dem Inhalt: Systematisierung nonverbaler Kommunikation in interkulturellen Situationen · Psychologische Erklärungsansätze · Ausdrucksformen des verbalen und nonverbalen Verhaltens in Korea · Videogestützte Gesprächsanalyse

Frankfurt am Main · Berlin · Bern · Bruxelles · New York · Oxford · Wien
Auslieferung: Verlag Peter Lang AG
Moosstr. 1, CH-2542 Pieterlen
Telefax 00 41 (0) 32 / 376 17 27

*inklusive der in Deutschland gültigen Mehrwertsteuer
Preisänderungen vorbehalten
Homepage http://www.peterlang.de